知库

政治与哲学

——

协举方法论

梁映敏　著

光明日报出版社

图书在版编目（CIP）数据

协举方法论／梁映敏著 . －－北京：光明日报出版
社，2022.1

ISBN 978－7－5194－4289－7

Ⅰ.①协… Ⅱ.①梁… Ⅲ.①辩证唯物主义—方法论
Ⅳ.①B026

中国版本图书馆 CIP 数据核字（2018）第 139189 号

协举方法论

XIEJU FANGFALUN

著　　者：梁映敏

责任编辑：郭思齐　　　　　　　　责任校对：傅泉泽

封面设计：中联华文　　　　　　　责任印制：曹　净

出版发行：光明日报出版社

地　　址：北京市西城区永安路 106 号，100050

电　　话：010-63169890（咨询），010-63131930（邮购）

传　　真：010－63131930

网　　址：http：//book.gmw.cn

E － mail：gmrbcbs@gmw.cn

法律顾问：北京市兰台律师事务所龚柳方律师

印　　刷：三河市华东印刷有限公司

装　　订：三河市华东印刷有限公司

本书如有破损、缺页、装订错误，请与本社联系调换，电话：010－63131930

开　　本：170mm×240mm

字　　数：150 千字　　　　　　　印　　张：14

版　　次：2022 年 1 月第 1 版　　印　　次：2022 年 1 月第 1 次印刷

书　　号：ISBN 978－7－5194－4289－7

定　　价：89.00 元

序

　　自博士毕业已有十六个年头，本早有把博士论文整理出版的想法，但囿于各种原因，推迟至今。也因为论文所及内容比较新，那时，人们可能也未必能如现在的人们更好地理解接受。哲学理论的创新和接受，需要一定的社会人文环境支持。当今举国上下正在大力贯彻新发展观，将创新放在了更加重要的突出位置。人人崇创、人人竞创的氛围正在形成。再加之，笔者近来更多地参与了一些社会管理工作，更加深刻地体会到在实践中真正让创新的活力迸发，让更多人有效地进行创新，从思维方式上、从哲学方法论的高度给人们提供一些建议和思路，颇有必要。是为此书出版的动因。文中难免有不及之处，敬请大家斧正。若能对理论和实践有些许禆益，幸甚。

梁映敏

2021 年 7 月

目 录
CONTENTS

导　论

分析矛盾有思路，调节矛盾没法度，是否缘于对矛盾的认识不彻底？

判断矛盾很犀利，创造和谐总失迷，是否因为不懂协调矛盾的诀窍？

我们研究矛盾，是为了化解矛盾。

创造和谐才是研究矛盾的归宿级目标。

古往今来，无论思想领域的碰撞、社会生活的冲突还是历史发展的动荡，在哲学层面都可以用矛盾的运动规律来理解。然而，了解事物的矛盾，是否就等于了解事物的根本？如果没有和谐的存在，自然世界、人类世界的主旋律恐怕就是杂乱无章、纷争不止，甚至战乱不断。

对和谐的追求与研究是一个古老而又常新的问题。不同时代的思想家对和谐都给予了深切关注，试图探索和谐本身的规律。但大多数情况下，人们只是从某个角度或某一侧面来阐述和谐理论的内容。同时，人们对和谐的认识，更多停留在对自然的概括性认识和人类社会的道德准则层面。人们关注的视角也往往局限于对和谐思想本身的说明。仿佛"和谐"是自然而然存在的先定之物，或者难以捉摸、无法解释的神秘法则。虽经千百年的诠释，这一极具方法论意义的概念却很少得到完整且系统的归纳，"和谐"成为玄虚化、愿景式甚至口号性的存在。

矛盾与和谐，到底哪个是存在万物的本来面目？如何据矛盾而创造和谐？如何实现可持续和谐？如何引领争端走向和平、引领差异走向兼容、引领多元走向共荣、引领系统走向续永？对于这些问题，不同时代的科学家无解，哲学家无解，政治家更无解，可以说，心心所系，但家家无解。

当代中国由大国迈向强国，展开了全面深化改革，社会实践方式日趋交叉化、多元化、复杂化，"双赢、多赢、共赢"理念的逐步深入人心，对和谐进行探究是解决当下问题、引领发展走势的必然需要，也是我们向未来社会探索时必需的理论准备。作者认为，创见是发现真理的完全成因；从方法论角度把握事物和谐的内在规律，是我们需要实现的哲学突破；关注从矛盾到和谐的实现路径，是我们需要填补的思维空白。

第一章　哲学改革与方法论创新

　　哲学是科学的高度概括和超前预见，是思维的全部浓缩和意念实践，是方法的言路因果和灵感优选，是生态的自主道德和天然演变。在任何一个时代，哲学都与时代精神密切相关，对时代的发展起着理论导航作用，可以说，哲学改革的方向约定了社会发展、变革、演进的趋势。

　　"哲学改革"并非新题，但"哲学从何处改革"？作者认为，哲学改革当始于方法论创新，唯有方法论层面的创新，才称得上质变级的有力跃迁。

　　面对当下的全面深化改革背景，无论是从理论创新来看，还是从人的思维方式的转变，以及社会和科学的发展来看，都应超越以往的矛盾分析法，将辩证法矛盾思维方式与协调并举的思维方式相结合，为实践提供理论支撑。

　　传统的哲学思维方式和方法体系以矛盾思维和矛盾分析方法为核心。在 20 世纪，为了成功获取政权、摆正立场、稳定格局，唯物辩证法对立场界定、决策取舍、把握统一起着不可忽略的作用，斗争哲学成为党和人民群众的理论武器。然而，以往的哲学方法论对处理多方协调共进的问题缺少成熟的策略，在"和平与发展"为主题的时代，如果继续机械沿用唯物辩证法的历史功能而不加以发展、更新，很容易强调两极对立、摇摆决策、忽略多样，导致影响社会和谐的一系列后果：利于两极分化，不利于创造和谐；能够认识矛盾、分析矛盾，但不善于化转矛盾；个性被共性压抑，阻碍实践方式的多样化选择……

因此，方法论创新应以和谐为目的，既能对现有诸多社会矛盾进行协调，又能对各种社会资源、自然资源进行互补式的调配，且能对人类文明和科技进步的优秀成果进行并举性的运用和提升。只有创立超越对立性思维的协调并举的思维模式，才能引导社会矛盾的有机协调，避免冲突与对抗，整个社会才能得以和谐发展。和谐社会的建构迫切需要协调并举式的新方法论的指导。

协举方法论，是关于在整个人类社会活动中实现各方协调并举的各种方法的总称。提出协举方法论，源于当代中国的两大现实：大国迈向强国的多样化趋势；法治社会所要求的全面推进依法治国。

一、当代中国的多样化趋势

鲁思·本尼迪克特说："一个人类社会总必须为它自身的生活进行某种设计。它对某些情况的处理方式及评价方式表示赞可，那个社会中的人就把这些结论视为全世界的基本结论。无论有多大困难，他们都把这些结论融成一体。人们既然接受了赖以生活的价值体系，就不可能同时在其生活的另一部分按照相反的价值体系来思考和行动，否则就势必陷于混乱和不便。他们将力求更加和谐一致。他们为自己准备了种种共同的理由和共同的动机。一定程度的和谐一致是必不可少的，否则整个体系就将瓦解。"①

离开矛盾、冲突，一个社会不可能发展、更新；毫无疑问的是，如果没有一定程度的和谐，任何社会都不可能存在。遵循社会的客观整合趋向，才能使社会体系实现可持续发展。身处经济全球化、世界多极化、文化多元化、价值多样化、社会信息化的社会大背景下，积极的社会发展模式需要正视社会冲突和缺失，不断用文化能量和法律制度去化解冲突、填补缺失；积极的文化创新需要通过智慧去创造和谐，担当起支撑民族伟大复兴的重任。

我党执政以来，中国社会的发展经历了中华人民共和国成立初期、20 世纪 70 年代到 20 世纪 90 年代、20 世纪 90 年代后三个时期，而今迈进新时代中国特色社会主义发展阶段。从哲学角度对前三个时期加以整理可以发现，中国的富强之路实际上与多样化发展密不可分，协举方法论则是当下社会呼唤的哲学创见。

中华人民共和国成立初期，我国首先实行的是高度集中的计划经济体制，这一措施符合新中国初建时期迅速恢复国民生产力的需要，并在当时创造了较高的经济增长速度，明显提高了人民生活水平。这一时期的整体社会状态貌似"和谐"，却是一种高度计划统一下的调配，是以限制经济主体和社会个体积极性、自

---

① ［美］鲁思·本尼迪克特. 菊与刀——日本文化的类型[M].吕万和，等译. 北京：商务印书馆，1990：8-9.

主性为前提的表面"和谐"，并不能保证社会全面、长期的和谐。毛泽东曾在《论十大关系》中总结，地方和地方、中央和地方、政府和企业都存在矛盾。我们立足当下进行回顾会发现，高度统一的计划经济体制存在多重弊端，并不能实现对矛盾的有效引导，反而为社会的下一步发展带来了隐患。随着时代的发展，这种体制逐渐暴露了其潜在的危机，国民经济快速增长，代价却相当大。在统一平台之上的多样化发展的需要日趋显现。

中国迈向多样化发展的初期是 20 世纪 70 年代至 90 年代。改革开放为社会各领域注入了活力，使中国的经济发展迅速上了一个新的台阶，中国与世界的交流和合作日益增多，中国参与世界市场的程度也逐渐加深。与此同时，东西方的文化和生活方式也在不断进行着交流，中国借鉴并引进了许多国外的先进技术，不断生产出丰富多彩的社会产品。中国的经济发展呈现出欣欣向荣的景象，中国人民的文化娱乐生活日渐丰富。中国与世界的距离越来越近，世界的多样性发展越来越影响到中国社会生产生活的方方面面。

20 世纪 90 年代以后，中国社会多样化发展趋势越加明显，其中最能表现社会生活多样化的特征是 1990 年到 2002 年。社会就业结构的显著变化表现在：在国家部门和国有企业就业的劳动者减少了 31%，而同期城镇就业人口增加了 45%。现在两者的比例大约为 1：7，这说明人们的就业观念发生了巨大变化。中国加入 WTO 对既有秩序也带来了巨大冲击。1989 年由 8 家机构制订的 8 套改革方案，比起 WTO 章程来说相当保守和妥协，但是这些改革方案在当时却是激进到难以被社会所承受的地步，仅仅一个价格闯关就惹了不小的乱子。事过境迁，时代变了，变到 30 年前难以想象的地步，2020 年中国外贸总额高达 32.16 万亿元，高居全球第一，外贸依存度大幅提升，中国也开始受到了国际规则的管辖，中国社会走向多样化发展的最明显标志莫过于这个变化。

可以看到，在中国由大国迈向强国的发展历程中，不可逆转的多样化趋势对方法论创新提出了新要求。

首先，随着经济市场化程度的不断提高，社会的组织程度相应强化，社会利益团体之间的相互依赖关系越来越复杂。在改革时代，社会利益主体呈现多元化，利益关系总在变化，利益纠纷和冲突时时刻刻都可能发生，各种社会集团始终处于博弈之中。中国社会经济制度的变迁虽然在向着良性方向发展，同时也在一定程度上呈现出某种无序情境。多样化的经济需要多样化的和谐策略相配套，而多样化的和谐策略导源于文化的理论创新，寻求妥善化解矛盾与冲突、实现理性和谐发展的方法论。

其次，正如不可能通过计划经济实现经济和谐一样，市场经济下的政治和谐也不可能通过权威的"安排"来产生，政治权威必须在创造社会和谐中寻找自己最恰当的政策和谐点。这就对顶层设计提出了更高要求，制定出统揽全局、统筹兼顾、多方制衡的发展战略，才能实现更科学的道路指引、价值导向、任务落实、资源配置，等等。

最后，中国社会文化的多样化趋势，各种新的思想、新的观念、新的理论不断涌现，深深地影响着生产方式、生活方式、意识形态等领域。从高度统一到丰富多样，这一趋势是中国社会发展的客观要求，不可逆转，但绝不可放任无序、不予规范，否则就会造成某种程度的混乱。面对这种局面，我们需要转变思路，在梳理关系、利益权衡、引导调节方面做出更多努力，以达到"各美其美，美人之美，美美与共，天下大同"。

二、法治对方法论的内需求

中国由大国迈向强国，富强、民主是基础。它为中国的文明、和谐提供可持续动力。对于富强而言，政府主导下的市场很关键，中国特色社会主义市场经济是中国经济发展的助推器；对于民主而言，法治最重要，法治是中国社会前行的"安全带"。因而，在中国特色社会主义现代化建设过程中，市场与法治必须齐头并进。

法治旨在用法律维系社会基本秩序，防范社会和谐隐患，从而优化社会发展环境。当前中国社会处在稳定发展时期，中国特色社会主义各项事业都取得了巨大成就，人民的生活水平不断提高，社会整体显现出和谐发展的态势。然而，在利益多元化、价值多元化的时代，依法治国同样面临着诸多难题。发展不平衡、不充分的问题，诸如贫富差距仍然客观存在，城乡之间、地区之间发展的不平衡，物质文明与精神文明发展的不平衡，传统经济增长方式与生态文明建设的冲突等问题都亟待解决。尤其是随着物质生活水平的提高，人民在民主、法治、公平正义方面的要求日益增长，对依法治国提出了前所未有的挑战。

一切法治问题皆由利益争夺、思维冲突、习性对立、善恶相斗而来，社会治理思路如果始终陷在二元对立中，就难以跳出矛盾本身来制导矛盾，往往是堵了这头失了那头。从人类社会的发展目标上看，法治的最终目的不是实现时时约束、处处管辖、事事设限的"统治"，而是实现"不治"，建立自组织、自协调、自融洽的良性社会秩序。因此，站在矛盾之上牵着矛盾的"鼻子"走的思维方法，才更符合法治社会的走势需求。

1. 人治社会的人治思维

中国封建社会几千年以来，始终以人治为基本治理手段。律法的稳定性、可行性、执行力度往往因立法者本身的意愿而发生改变，统治者的权威左右着社会管理的仲裁标准。在此前提下，古代律法难以充分体现契约精神、公共意志，整个社会生活无法持续良性而有序地进行，社会兴衰系于统治者的贤明与否。

中国社会治理的人治传统一直延续到 20 世纪。出于革命时期的特殊状况，我党尽可能地发挥了人治的正面作用，长期习惯性依赖领导人的聪明才智，以最高程度地凝聚革命意志、革命力量，确保其围绕着统一的革命方向发挥作用。革命时期结束后，中共十一届三中全会向依法治国迈出了决定性的一步，提出了"有法可依、有法必依、执法必严、违法必究"的十六字方针，十五大更是确立了"依法治国"方略，之后的一系列决策，始终在强调并贯彻这一方略。这意味着向依法执政领导方式的战略转变，从"以阶级斗争为纲"的"重人治"变为"以经济建设为中心"的"依法治"，国家治理模式开始迈向现代化、民主化、法治化。

然而，破除几千年的人治传统并非易事。在具体实践中，

"人情社会"有时仍大于"法治社会",不少领导干部还是运用人治的老思路来处理新问题,而不是按照法治的规则和方法来办事。由此,十八大报告提出要"把权力关进制度的笼子里",绝不允许"以言代法、以权压法、徇私枉法"。十九大报告推进了国家监察体制改革,以期实现对所有行使公权的公职人员监察全覆盖。

这是一场国家治理层面的深刻革命,不仅仅需要变革治理方式,更需要变革治理思维。破除人治传统,当从破除人治思维入手,而人治思维的方法论背景植根于对辩证法的狭隘理解。造成和谐隐患、失谐恶果的原因固然很多,但从思维根源及理论根源上进行反思,诸多矛盾的思想根源在于两极对立的思维惯性。

在对辩证法的狭隘理解中,人们的思维惯性是简单直观地对事物一分为二:"绝对—相对"、"对立—统一"、"主要—次要"、"内容—形式"、"本质—现象"、"你高—我低"(我臣—你君)、"你荣—我辱"(我命—你令)、"你强—我弱"(我夹—你霸)、"我公—你私"(我善—你恶),等等。即便是生发些"你美—我伟""你好—我豪""你是主—我是客"(羞认仆—忍认奴)的双赢的思维元素,也起不到对根深蒂固的"二二相对"观念的修补作用,更别说翻改。若是用辩证关系"矛盾体","对立统一"地对"政民""党群"的关系进行定位,势必导致"主—仆""尊—卑""赢—输""赚—亏""安—险"等问题,自认为是"主、尊、赢、赚、安"的一方,对"仆、卑、输、亏、险"的一方不屑敬慕,自认为是"仆、卑、输、亏、险"的一方,对"主、尊、赢、赚、安"的一方耿耿于怀,法治的良好动机被人为地笼罩了一层阴影。这,难道不是法治主体忧虑的问题吗?

2. 法治社会的依法治国

在改革开放新时代，构建法治社会就是要用法治来支持社会政治、经济、文化、社会、生态五者的和谐：在政治和谐方面，要保证坚持社会主义方向、坚持"共同富裕"的社会主义道路；在经济和谐方面，要建设以可持续、高质量发展为主要特征的现代经济体系，消除社会经济中不和谐、不稳定、不安全、不协同、不创新的因素；在文化和谐方面，要弘扬民族传统文化和能够树立社会正气的先进文化，要积极借鉴和吸收世界各国优秀的文化成果，尤其要重视理论创新工作，用理论创新带动文化发展；在社会和谐方面，要维护社会公平正义，保障每个个体和组织的合法权益，创造平等的机会和规则；在生态和谐方面，要把人的发展与自然环境的可持续存在融合在一起，不能因人的发展破坏自然环境的可持续存在。

近年来，中国社会的依法治国之路有了重大进展，在国家治理层面展开了深刻革命。十八大报告提出，要"全面推进依法治国"；十八届四中全会次以"依法治国"为主题，并出台《中共中央关于全面推进依法治国若干重大问题的决定》，确立了建设中国特色社会主义法治体系、建设中国特色社会主义法治国家的总目标，并形成了坚持依法治国和以德治国相结合、坚持从中国实际出发等一系列重要原则。十九大报告进一步提出"坚持全面依法治国"，并推出了一系列重大举措：中央成立全面依法治国领导小组；加强宪法实施和监督；把依法立法与科学立法、民主立法并列为立法原则，以良法促进发展、保障善治；深化司法体制综合配套改革；依法推进国家监察体制改革。

从哲学角度看，依法治国不能仅仅着眼于后果管理。事实上，出于具体情况的多样和发展过程的多变，矛盾的后果有无限可能，如果倾向于对矛盾的后果进行裁决、制约，法律、法制的作用只能是不断"找漏洞""打补丁"，这个过程是漫长而无尽的。矛盾的源头是有限的，矛盾演变为冲突的条件也并非不可控。因此，首先应该从导源处入手，重视分析矛盾产生的导源，而后针对矛盾进行调节、平衡、转化。这就需要对现有法治体系进行立体升级，强化法律对于矛盾的过程前引导、过程中调控功能，减少和谐隐患的存在环境、失衡条件，调整社会关系，从根本上促进社会稳定。

3. 构建法治社会的方法

以往的传统方法论把矛盾和矛盾方法作为其核心方法，夸大了矛盾的斗争性，对和谐问题较为轻视，不擅长建构和谐。

从思维和认识对实践的指导作用来看，矛盾性思维和矛盾性认识容易产生矛盾性的实践。社会现有的不和谐因素很多都是导源于"二分法"与"两极对立"的思维定式，虽然"一分为二"有利于我们分析问题，有利于我们认清事物的结构及其相互关系，但是它并不利于我们解决问题。既然是解决问题，解决的措施就必须明确，才能保证效率。而"一分为二"的对立思维惯性往往容易使人们陷入"凡事两面理"的尴尬境地，从而左右为难，想不出解决问题的良策，甚至即便本来简单的问题也被搞复杂了。

客观地说，在以阶级斗争为主的时代，对矛盾问题的侧重具有一定的积极意义。但是，随着我国社会主要矛盾转化为人民日益增长的美好生活需要和不平衡不充分的发展之间的矛盾，这一理论偏向应该予以合理的矫正，以符合时代发展的要求。

因此，建构法治社会首先需要克服传统方法论的局限，实现治理方法的突破和创新。和平发展的时代需要以创造和谐、协调多方矛盾为主导的实践策略、实践方法，以实现社会和谐之效果。

这种新方法论需要超越抽象的、极端的、非此即彼的"两极对立"思维，创立协调并举的思维方式，为法治创新提供具科学引导性的思维工具。其作用在于疏导社会体系内部的紧张，指导社会关系的有机协调和运转，为社会成员各就各位的自主创新保驾护航，促使社会的持续繁荣与和谐。由此出发，法治的结构才能全面化，法治的功能才能立体化，法治的作用才能有效化，从而有利于社会的发展和稳定，从源头上消除和谐隐患。

法治结构的全面化在于：在防范、制约的基础上添加培护，起到保障生存安全、维护生活稳定、支持生产创新作用。保障人民的独立人格，支持其潜能释放，培育并保护其创新能力，为个人能力的充分发挥提供一种支撑平等竞争的机会与平台、政策与规则、管理与服务，使人们认识到自己的付出和能力会得到对等的回报。

法治功能的立体化在于：政府为个人提供平等竞争的机会和规则，个人提供创意和努力，成者感恩政府、回报社会，败者承担责任，从自身而不是通过非法方式找原因、求公允。

　　法治作用的有效化在于：个体行为的理性自觉程度较高，多数人遵循法大于权、理大于情的原则，注重使自己的行为受法治、制度和程序约束，限制公共权力运行中的随意性，自我约束和自我管理程度相对比较高，自觉选择化斗争为竞争、变陷阱为背景、改敌营为联盟。因此，矛盾也就有了新的结局：一方引领另一方；双方优势互补；二者合铸新生事物……这样，社会推崇"多样依存"，特点是永远都走创新的路子，人人崇创（崇尚创新），此乃人人期盼的真和谐。

三、哲学需要方法论的创新

　　人类自有了哲学智慧以来，就一直在探寻自然及人类社会的深层次规律，并想方设法按客观规律办事。从认识论上讲，虽然人类认识成果很多，但最具规律性的认识方法还属马克思主义辩证法，因为只有它向我们提出了"从对立面的统一中把握对立面"的辩证认识方法和"透过现象看本质"的明晰的认识路线。

　　然而，发展着的现实需要发展着的思维来指导。随着时代的发展，社会实践的复杂程度不断加剧，在科学突飞猛进的今天，这一辩证方法论及其认识路线已经逐渐呈现出局限性，例如对复杂性实践指导不力、对事物发展的未来趋势把握不明，等等。特别是针对当前实现双赢、共赢的需求，明晰的方法指导日显乏力。回顾我们的社会主义建设实践的历史，不难看出，中国社会前进过程中的左右摇摆，无不与"二分法"和"两极对立"思维的影响有关。

当今时代，哲学的当代使命首先是实现方法论的创新。方法论更新了，对本体论、认识论问题才能探讨得更深入，对世界观、价值观问题才能把握得更准确。方法论深刻影响着人们的思维方式。思维方式不变化，人们的认识方式和行为习惯就很难变化。所以思维方式的更新是一切更新的前提和基础。另外，各门具体科学的跃迁性发展迫切需要新的方法体系的指导和推动。当今时代，科技进步已经走在了哲学创新之前。比如，互联网和新媒体的飞速发展不仅冲击着社会传统经济模式、沟通方式，还深深地影响了人们的思维，包括价值尺度、追求偏好、自我定位等，网络文化身份已经成为人的社会属性中至关重要的一部分，越来越直接地作用于现实社会的存在。这一现象已经不能用传统的物质与意识的辩证关系进行解说了，因为网络世界恰恰在体现着——意识可以以"念造"的方式创造物质。

哲学方法论不创新，具体科学和具体实践中的方法论也难以有实质性的创新。无论是从理论创新来看，还是从人的思维方式的转变以及开辟实践新路的需求来看，都应首先进行方法论的创新。哲学必须与时俱进地发展以获得其当代的形式，这样才能最大限度地避免实践的盲目性和曲折性。

哲学方法论的突破，是"指某一民族在文化发展到一定的阶段时，对自身在宇宙中的位置与历史上的处境发生了一种系统性、超越性和批判性的反省；通过反省，思想形态确立了，旧传统也改变了，整个文化终于进入一个崭新的、更高的境地"。① 进一步

---

① 韦政通．中国哲学大辞典[M]．北京：世界图书出版公司，1989：767.

延伸思考，何为创新方法论？创新方法论是指可持续发展、能自续联系、广适续变化地解决新问题的方法论系列，是能够确保人的创新力持续不断、接连诞生创意的方法论系列。哲学方法论的创新与突破，不仅能带来人们思维方式的升级，更能促进各个实践领域中的方法体系和认识手段的升级。

创新的哲学方法论需要满足以下三个特点。

第一，预估性发现新问题。

未来不会止步不前，它不会因为人们没有认识到而停止发展。综观实践所需的方法论，无非是为后续实践发现新问题、分析新问题、解决新问题提供多层次、广角度、泛策略的智能支撑。当今人类社会恰恰是不屑昨日之旧、独向明天之新、随时淘汰老知识、传承新智能而发展着的社会。因此，辩证哲学本身的可持续发展的问题等，都集结在"能否把握未来"这个方法论瓶颈上。一个不能把握未来的认识难免摇摆、难以和谐，更难奏效。仅仅能够分析老问题、解决老问题的方法，只能被昨天的实践勉强接受，根本不会被明天的实践所钟爱垂青。

能够预估性发现新问题的方法论才可能是和谐的方法论。能够把握未来的理论，才是人们乐于接受的好理论；能够把握未来的思维方式，才是当今天社会乐于接受的有效思维；能够把握未来的方法论，才是昔然、今然、未然的诸意识都乐于接受的方法论。

第二，追宿性辩证新问题。

多样化实践所需求的优等方法论，不仅能够预估性发现新问题，而且能够追踪现实事物的走势、侦测现实事物的未来归宿

（简称追宿）的辩证新问题。因为只有能够追宿地辩证新问题，才算是完全辩证。全面辩证问题，才能从根本上防止认识的片面性，才符合辩证法一直提倡的"全面地看问题"。

任何思维方式要想可持续生存下去，都必须紧随时代的脉搏而舞动。共舞时代的步伐而及时换位，创新方法链的换位思考、换层思考、换题思考则是"时代舞伴"的身份特征。换位思考是改换另一个位置或座次再思考；换层思考是改换另一个层面或层级再思考；换题思考是改换另一个题意或题问再思考，这必然是辩证思维方式可持续发展的阶梯。在广源化、多面化、博专化的"三化"逼势下，辩证思维方式必须通过"三换"思考，深化其认识点、充实其世界观、周延其方法论、扩增其实践力、追加其哲学功能值。作者认为，开发指导创新的方法链是辩证哲学自我增值的新力源。

第三，控复性解决新问题。

多样化实践所需求的优等方法论，还应当能够对矛盾源剪除病灶、控制复发（简称控复）地解决问题。在现实实践中，矛盾往往并非单个出现，而是成圈、成串、成群出现，而传统方法论指导下的解决模式往往是：压制旧矛盾爆发新矛盾，消灭此矛盾衍生彼矛盾，姑息小矛盾酝酿大矛盾。更麻烦的是，解决矛盾的方法需要随着矛盾的变化而不断调整、更新，办法追着问题走，完全被动。矛盾之所以"消灭"不完，在于它的"复活"能力特别强，并且能适应各种复杂的环境。同时，矛盾变化多端，随着不同的环境及不同的条件而改变其存在方式。因此，对于矛盾问题的解决，千万不能急躁而简单地审视，一定要从导源处把握矛盾存在的平台，从源头上预先规定矛盾向合理的方向发展。控复性解决矛盾，是实践对理论的基本要求，不能满足这一点的理论，必定被实践所淘汰。

四、用和谐原则重建方法论

创新，需要突破相对的"制高点"。从纵向上说"制高点"下的任何方法，都不称为创新的方法，"制高点"下的任何成果，都不称为创新的成果。只有冲出"制高点"，超越"制高点"，以"制高点"为基础再攀登另一新的"制高点"才能称其为创新。因此，创新本身就是扬弃和传承的统一，蕴含着否定之否定的过程。发展就必定要对原有体系的局限性部分进行修改、拓展和闯禁，就要让相对先进的自己再超越自己。

从创新的角度看，辩证思维在以往哲学中"最先进"，是相对最周延、最完善、最全面、最广泛的制高点。因此，以矛盾思维为核心的辩证思维正是当今哲学理论创新的突破点。方法论的创新是一个辟新续旧的过程，需要在继承传统辩证方法论的精髓的基础上，突破原有的思维框架和理论框架的束缚，开创适应时代发展需要的新的方法论。

马克思主义哲学是不断发展的，也必然处在与时俱进的不断发展完善中。说辩证思维"最先进"，是在一定历史时期内与形而上学相比较而言，绝不是说它永远最先进，不发展。如果说它永远"最先进"，那无疑是形而上学式的"神化"，是对辩证法的丑化。我们的理论创新若在现有辩证思维的领域内停滞不前，就不可能获得大的突破。封闭在对唯物主义辩证法的僵化性认识中，恰恰违背了辩证法的基本精神。承认辩证法的相对"最先进"，让思维方式在辩证的基础上吸收其他思维方式的优点而发展，这才遵从认知发展的客观需求，也才是面对真理时的应有态度。

1. 辩证法中的和谐原则

协举方法论是对唯物辩证法的补充和发展，并不是对矛盾普遍性、客观性的否定，也不是对唯物辩证法的摒弃。通过对辩证矛盾进行深入分析，发现其中蕴含的和谐元素。

（1）和谐视角下的矛盾新认知

唯物辩证法强调，矛盾双方既对立又统一，由此推动了事物的变化、发展；矛盾的同一性和斗争性是相互联结的，没有同一性就没有斗争性，没有斗争性就没有同一性，矛盾双方既彼此排斥，又互相依存。

由于特定的社会环境和事物所处阶段，我们曾经过多地强调了矛盾的斗争性，将唯物辩证法简化为对立统一规律，将对立统一规律简化为矛盾的斗争性，成为一种"斗争哲学"，忽视乃至否认矛盾双方之间的依存性与同一性。事实上，唯物辩证法中蕴含着丰富的和谐思想：正是对立面的相互依存造成了事物的动态和谐，不同的音调合奏成最美的音乐，"对立造成和谐，正如弓与六弦琴"①；同时，唯物辩证法关于矛盾转化的思想强烈体现了其和谐取向，"一切矛盾着的东西，互相联系着，不但在一定条

---

① ［德］恩斯特·卡西尔. 人论［M］.甘阳，译. 上海：上海译文出版社，1985：288.

件之下共处于一个统一体中，而且在一定条件之下互相转化，这就是矛盾的同一性的全部意义"①，可以说，正是在矛盾的转化中，体现了矛盾与和谐的内在联系。

当我们以创造和谐为目标，用和谐原则来看待矛盾时，我们对矛盾的认识就进一步深化了。

首先，矛盾是有条件、遵规则的存在。辩证矛盾是在宇宙和谐系统内的普遍存在，矛盾无处不在、无时不有。然而，根据马克思主义哲学的基本原理——世界的多样性统一原理来认识，矛盾并非杂乱无章，而是遵"章"守"则"地存在着。尽管我们目前尚不清楚矛盾遵循什么"章"，遵守什么"则"，但毋庸置疑，矛盾的存在是有条件、有规则的。简言之，矛盾无处不在但有章可循，无时不有但有迹可考。认识到矛盾遵"章"守"则"，也就有了探求矛盾与和谐关系的起点。

其次，矛盾的特点是多样态并列、共存。第一，矛盾的普遍性和特殊性既是相互区别的，又是相互并存的，即它们是同时存在的；第二，矛盾的普遍性和特殊性既是相互依存、不可分割的，又是相互扬弃、可以交叉的。从联系上说，没有离开个性的共性，也没有离开共性的个性，共性通过个性表现出来；从发展上说，共性的发展始终包含着对某一个性的扬弃、对某几种个性的重组；第三，矛盾的普遍性和特殊性在一定条件下可以相互转化，但转化后会在程度、层面上发生变化。在和谐原则之下，矛盾普遍性与特殊性都服务于推动事物的可持续发展，矛盾的共性和个性、

① 毛泽东选集：第1卷[M].北京：人民出版社，1964：304.

一般和个别的关系是动态的联系，共性和个性的互动促进矛盾的可持续存在，一般和个别的互补促进系统事物的多样性存在。

最后，内外因的互补度决定发展进程。矛盾是事物发展的动力，内部矛盾的特性决定了事物发展的方向，外部矛盾的特性决定了事物发展的层次。一方面，外因是变化的条件，内因是变化的根据，外因通过内因而起作用；另一方面，外因与内因的互补决定了发展的质量与进程。

和谐原则提醒我们，如果把辩证关系的原理放进和谐原则之中，辩证法必然会从唯矛盾而辩证、唯辩证而矛盾的小循环里跃迁出来，给人们带来更大的辩证空间。我们不能陶醉在传统辩证法里创新，而应在补充辩证法、发展辩证法上下更多的功夫。

（2）辩证矛盾蕴含的内在和谐态

系统论认为，"一个适当组织的整体，必然存在着内稳态，这样系统无论在一开始处于什么样的状态，总会趋向自己的平衡点"，事物的发展从自组织开始就向着它的平衡点前进。那么，联系到哲学思维又是怎样呢？作者认为，辩证矛盾内在蕴含着和谐态，和谐态是矛盾对立统一的关键，也是矛盾双方向对立面转化的关键。

在辩证矛盾中，一开始便是"矛"与"盾"并存、对立性与统一性并举，如果不是这样，那就是"矛体"或"盾体"而不是矛盾体。而并存和并举本身就是双赢性、互补式的协同状态，这种互补式的协同状态是矛盾相互转化的契机，同时，这种和谐态也是凝结矛与盾无论如何都要在一起的"介质""黏合剂"或"平台"。矛盾之所以是"亦此亦彼"不是"非此即彼"的存在，正是由于和谐态的"两端牵引"。

另外，辩证矛盾作为矛盾体是一个系统，"矛""盾"无论一开始处于什么样的状态，总会趋向双方的和谐态，经由和谐态转化向对立面发展：对立趋向统一、统一趋向对立。很难想象"矛"不经由和谐态直接转化为"盾"，或者"盾"不经由和谐态直接转化为"矛"，更不存在对立不经由和谐态而直接走向统一，统一不经由和谐态而直接走向对立。

从矛盾的发展结果上看，以辩证法看来矛盾双方一般是三个结局：一是一方克服另一方；二是同归于尽，被新的矛盾双方所代替；三是双方通过斗争达到对立面的融合。从协举方法论的角度看，矛盾一方克服另一方的结果是在"矛"与"盾"的"和谐态"之后发生的，其中一方主动或被动停止与另一方的"对抗"，接受对方的力量主导；矛盾双方同归于尽，被新的矛盾双方所代替，这种结果也只能是经由"矛"与"盾"的"和谐态"协同失效而发生，矛盾双方无力推动事物的下一步发展，事物在新的矛盾推动下，转入新的发展阶段；矛盾双方通过斗争达到对立面的融合，这种结果更是矛与盾的"和谐态"协同一致而形成。

从广义"和谐"（包括短暂和谐、不稳定和谐、可持续和谐）的角度出发，矛盾和谐态包括三个方面的含义：其一是指矛盾的某一方向另一方"攻击"时，另一方被动协同、"无奈"下妥协，其结果往往是一方被另一方克服；其二是指矛盾的某一方向另一方"示警"时，另一方响应，这是矛盾的主动协同、"积极"的配合，其结果一般是达到对立面的融合、兼并；其三是指"矛"与"盾"的此消彼长之互动的默契同步性，矛盾从对立经由和谐态转化到并举而统一。

（3）互补性体现了辩证矛盾的和谐取向

这里说的"互补性"，含义有三：个体矛盾双方相互补充其破缺而构成了整体性；整体矛盾双方相互补充其功能而构成了系统性；系统矛盾双方相互补充其转化机遇而构成可持续态。

第一，从矛盾整体看，矛盾双方因破缺而向对立面发展，以寻求对自身缺陷的弥补，使得事物整体呈现出趋向于完整的态势。

实际上，一切矛盾归根结底都导源于三个因素：物质在运动过程中方向上的升降、空间上的扩缩、运动中的往返。升降、扩缩、往返导致了矛盾的发生。一切矛盾的发展变化也都可以用这三种形式概括——不同发展层面间的升降、同一发展层面上的扩缩和同一周期内的往返。物质运动时，由于空间的唯一性，升的时候不能降，往的时候不能返，扩的时候不能缩，才导致破缺。

因此，在事物的发展过程中，矛盾双方各自的破缺性是一种必然。发展之于矛方与盾方的意义，无疑在于寻求如何从破缺趋向完整。矛方与盾方在发展过程中相互从对方处得到补充，这就是我们常说的矛盾双方相互吸取有利于自身的因素，在相互作用中各自得到发展。因此，破缺性趋整是互补的内在动因。事物的破缺性无处不在，破缺性趋向完整更是司空见惯。

第二，从矛盾系统看，矛盾双方因功能不同而互补，保证了系统的存在和发展。

从表面上看，矛盾双方既相互依存、相互贯通，又相互排斥、相互分离。前者是矛盾统一性的体现，后者是矛盾对立性的体现。再进一步研究就会发现一个问题：是什么导致了这种既彼此排斥又相互吸引的特性？结论只能是，矛盾双方功能相异，所以造成了彼此排斥，然而矛方所缺正是盾方所有，盾方所需可由矛方提供。所以矛、盾不得不相互吸引、相互依赖，否则就会影响系统功能的全面性。正是这种功能上的互补，使系统能够持续运转。

第三，可持续发展是互补的外在动因。

事物要想可持续发展，就必须不断地扬弃自身的弊端，传承自身的优势。静止不变的事物无法可持续存在，向消极的方向变化的事物也无法可持续存在。而事物的这种扬弃和传承，不但需要事物本身对立面之间的破缺性互补，还需要事物与事物之间、事物与环境之间的互补。世界是普遍联系的，任何事物都不可能脱离与其他事物的相互联系而单独存在。在可持续发展的需求下，这种联系在很大程度上表现为互相补充，即事物之间的冲突恰恰是对事物发展提出的新要求，事物要想可持续存在，必须根据其他事物或环境的要求进行调整，通过内生新元素来进行代谢、扩容、升级。冲突中蕴含了事物下一步的转化机遇。从这个角度讲，人们应从新审视矛盾冲出，甚至在某些时候欢迎、期待它，因为它蕴含了转化、发展的机遇。这也是现在很多心灵鸡汤上讲的，当困难来临勇敢面对它的哲学根据。

可持续发展亦称"持续发展"，它既是现代社会进程中一种科学的发展理念，也是历史发展长河中被我们的先民们反复证明的一种自然法则。例如，从生态意义上看，现代社会的生产方式、生活方式与自然环境之间构成了剧烈冲突。这种冲突提示着社会发展模式的方向转变，即不仅重视增长数量，更追求改善质量、提高效益、节约能源、减少废物，改变传统的生产和消费模式，实施清洁生产和文明消费，使社会发展以保护自然为基础，与资源和环境的承载能力相协调。这样的发展方式才是和谐的，兼顾了同时代人的公平和代际间的公平，强调这一代不要为自己的发展与需求而损害人类世世代代满足需求的条件。

由此可见，理解矛盾的和谐性要从矛盾的互补性入手。矛盾的对立性是显在的，统一性是潜在的，互补性是含在的。含在，即以时显时潜的状态存在。单从认识过程来看，人们往往先看到显在的对立性，再分析到潜在的统一性，最后才可能发现含在的互补性。

矛盾双方是因相异而互补，因互补而共存。矛方与盾方都有对方不具备的属性即相异的属性，正因为有相异的属性，才有矛与盾的区别，才有对立的存在。与此同时，正是因为矛盾双方有互补的需要，所以它们才能在斗争的同时又相互依赖。离开互补，矛盾双方没有理由共存于一个统一体中。因此，对立是和谐的分工，斗争的必要性在于对和谐的调整，对立和斗争是和谐当中的一种现象。外在的统一性、相似性源于内在机理的相异性和互补性，这是一种交叉互融的和谐。例如，中国传统哲学的太极图就呈现了这种和谐之美，太极图首先是一个整体，阴鱼与阳鱼的对立受到整体圆的空间制约，二者合起来才能保证圆的完整性，在这种制约下二者必须互补，否则就不能共存在同一空间之中。

正是出于互补性，矛盾的整体发展呈现出和谐取向，矛盾的和谐态存在具备了客观性，即矛盾在一定范围内发挥功能，排斥是在吸引约束下的排斥，吸引是在排斥制约下的吸引，冲突是在整体助推下的冲突，斗争是在系统引领下的斗争，扬弃是在系统调节下的扬弃。和谐态不代表没有冲突，不代表没有斗争，不代表没有扬弃，而是将之统摄在一个和谐的整体之中。毛泽东说："两个相反的东西中间有同一性，所以二者能够共处于一个统一体中，又能够互相转化，这是说的条件性，即是说在一定条件之下，矛盾的东西能够统一起来，又能够互相转化；无此一定条件，就不能成为矛盾，不能共居，也不能转化。"①毛泽东所说的"条件性"，延伸开来进行分析正是这种状况。

2. 由协调并举到和谐

和谐不是坐等可以得到的，和谐不可能自发产生，"和"需要去"创"。这个"创"的过程，就是协调并举的过程。

矛盾并不可怕，因为矛盾是事物发展的动力，而矛盾的危害性不在于矛盾的存在，在于矛盾的激化造成矛盾体本身的偏向式发展，使事物的发展不是走向前进，而是倒退或停滞，甚至就此终止、分崩离析。这是我们格外重视、渴望和谐的原因。如果仅仅将和谐的希望寄托于矛盾中内在蕴含的和谐态，那只能收获短暂和谐、不稳定和谐，和谐过后事物没有跃向新的层面，而是继续陷入矛盾双方你争我斗的同层新轮回。

在矛盾思维主导下，无法实现真正的、可持续的和谐。由矛盾思维产生的方法以对立、斗争、征服为主，冲突的平息往往以一方的牺牲为代价，这样的和谐包含着失衡因素，也是停留于表面的，迟早会倒向新的冲突；同时，和谐也不等同于妥协，妥协

---

① 毛泽东选集：第 1 卷[M].北京：人民出版社，1964：307.

是无原则的中庸，是不谈发展的盲目低头，由妥协思维而生的方法通常是投降、放弃、容忍等，这样的和谐是以放弃发展为代价的，表面上一团和气，实际上却扼制发展，停滞不前。

矛盾思维、妥协思维并不利于可持续发展，与真正的和谐相去甚远：如果从矛盾思维出发去理解和谐，等于是与和谐背向而驰；如果用妥协思维去建设和谐，就会把和谐保守化、静止化，这与人们期待的和谐也相去甚远。比如对于集体中对立式的鲜明异见者，若从矛盾思维去排斥、弹压之，要么压抑了持异见者，要么激发出强烈对峙、争执甚至破坏性报复；若从妥协思维出发"和稀泥"，则会打击集体成员献策出力的真心。

从协调并举的角度出发创造和谐，和谐才能够实现链状持续。这样的和谐不是消灭矛盾、没有矛盾，而是用非矛盾调节矛盾，让矛盾的产生、组织、协调都在既定的轨道之内，规定矛盾向合理的方向发展。这就需要我们以正视矛盾、包容矛盾的心态引导矛盾，避免矛盾向激化、恶化、滞化方向发展，积极主动地创造和谐。

之所以说和谐是可以创造的，是因为矛盾的发展具有两种形式：竞争与协调。

矛盾是持续运动且变化着的矛盾。在这个持续变化的过程中，矛盾双方既有竞争关系，又有协调关系。在矛盾发展过程中，要想长远发展、可持续存在，就必须认识到竞争和协调之间的巧妙配合。在传统方法论体系中，往往是只见竞争、不见协调，或者认为竞争是长久的、协调是暂时的，由此指导实践的结果是：矛盾中的一方在竞争中夹缝式存在、萎缩性失势，直至失去再次发展机会；或者矛盾双方始终处于拉锯状态，各自停留于自身已有优势因素的发挥，矛盾双方的动力大量消耗在对峙中，导致向更高层次转化的动力越来越缩减；矛盾双方激烈冲突、斗争，矛盾转化的机遇越来越狭隘，即便矛盾体有一定程度的发展，也只是衍生式发展，无法实现创新式发展。

事实上，从竞争与协调并存的视角出发，正是协调保证了竞争的良性方向，实现竞而不灭、争而不毁；正是竞争保证了协调的活态立体，达到协而不抑、调而不馁。这样一来，矛盾体的发展完全可以呈现新的局面，即矛盾一方替另一方代谢旧内容、生发新内容。事物要想可持续存在下去，就必须通过竞争—协调的形式，删除、修改、更替不符合发展走势的因素，生发、助长、培护符合发展走势的因素。由此观之，矛盾双方虽是竞争角度的对手、敌人，但也是协调角度的朋友，朋友使己方成长，对手、敌人使己方补缺、升级，从而走向再生。

协举方法论旨在站在矛盾之上，找出作为动力的矛盾源，从源头处制导矛盾的走势，把握矛盾的归宿。通过协调矛盾、统筹矛盾、制衡矛盾，使矛盾关系转化为非矛盾关系，成为推进共同发展的共存关系、互补关系，使矛盾走向和谐的方向。

不同时代对协举有不同的主导趋向，如果说以往的计划经济时代是以协同挺举式的发展为主导的话，未来的创意经济时代则应该以协和创举式的发展为主导，现在的市场经济时代则是以协调并举式的发展为主导。只有如此，才能加快实现创新型国家的宏伟目标。

3. 用和谐原则重建方法论

运用和谐原则重建方法论，就在于从矛盾的存在本身把握辩证矛盾的内在和谐态，站在矛盾系统的角度重新审视矛盾，从矛盾发展的形式中把握协调点。

（1）传统辩证方法论的局限

构建协举方法论的意图是什么？是要补充传统辩证方法论的不足，发扬传统辩证方法论的精髓。传统辩证方法论的不足之处概括起来主要有以下几个方面。

首先，传统辩证方法论的局限来自人们对它的片面理解和应用。由于历史原因和时代影响，人们对矛盾分析法的理解往往偏重于对立、斗争的一面，对矛盾的同一性及统一的一面则关注较少，以至于不少人认为以辩证法为主要内容的马克思主义哲学就是斗争哲学，认识和理解中的偏颇和狭隘造成了人们思维方式的局限和实践中操作方法的局限。在遇到问题时，人们习惯于一分为二，习惯于分析事物之间的对立性、斗争性甚至是夸大斗争性；在解决问题时，人们则要么是不左就右、偏执一方，要么是左右摇摆，分析人、事、状况种种优点、好处，再罗列诸多缺点、弊端，各方权衡难有定论。无论怎样，这两种方式都不利于人们迅速做出决策判断，尤其在处理复杂问题时难以多方兼顾，不利于问题的彻底解决。

其次，传统辩证方法论的局限在于对矛盾的把握不够立体和全面。

从全面的角度看，矛盾不仅有个体矛盾，还有矛盾群、矛盾系统等，对矛盾的把握不能局限于个体矛盾，还应关注和研究矛盾群、矛盾系统等问题。传统辩证方法论以矛盾分析法为核心，对巨系统矛盾的整合则具有局限性。

从立体的角度看，矛盾是立体的矛盾，作为"发展的动力"，矛盾是在系统的基础之上立体运动着的"活"矛盾，不是孤立、静止的"死"矛盾。如果是仅仅依照"对立—统一——再对立—再统一"的简单的线性循环，始终难以突破从此矛盾到彼矛盾的逻辑束缚，无法寻求到和谐的方法论。这是因为认识到了"矛盾是事物发展的动力"，而没有认识到"和谐也是发展的动力"。

从整体上说，矛盾是事物发展的动力；从系统上讲，和谐是事物发展的可持续动力。发展是通过扬弃和传承来完成的。事物本身具有三种变化的趋势：积极的、进化的趋势；消极的、退化的趋势；不进不退、保持相对稳定的滞化的趋势。在发展过程中，事物对进化的趋势予以发扬，对退化的趋势予以抛弃，对滞化的趋势予以传承，这样才形成事物的总体发展。从发展的层次上看，对于整体事物来说，发展是对立面的统一，对立面的矛盾运动推动着事物不断完成扬弃而向前发展；对于系统事物来说，发展不仅包括系统中每一事物的发展，还包括系统中各事物之间的协调发展，以及整个系统的共同发展。

系统存在必然以要素之间的和谐共处为根本，系统的可持续存在必然以要素之间的可持续和谐共处为根本。所以系统的发展，只能是和谐式发展。系统内各要素自身的矛盾推动该要素发展，要素与要素之间的协调并举推动系统发展。离开了系统的和谐，矛盾就会暴露它阻力的一面，走向与动力相反的阻力方向。认识不到这一点，就会在解决此矛盾的同时，埋下本不该发生的彼矛盾的隐患。解决矛盾的较为有效方法是和谐的方法，即把矛盾放在和谐的原则之下来分析、解决，要比单纯的矛盾分析效果更好。所以，我们既要承认"矛盾是发展的动力"，也要认识到和谐是可持续发展的动力。只有将这两个方面结合起来，并用和谐规范矛盾，才能既发挥矛盾的动力作用，又可避免矛盾的消极方面，使阻力趋小，让动力增大。

传统辩证方法论的缺欠还在于对中介的把握不够。矛盾具有动态性，在联系转化过程中，存在一个构成普遍联系的中介。虽然恩格斯强调过："一切差异都在中间阶段融合，一切对立都经过中间环节而相互过渡。"① 列宁也肯定地说："一切……都是经过中介，连成一体，通过过渡而联系的。"② 但是，传统方法论对于如何把握中介、如何运用中介等都是"点到为止"，并没有展开论述，并没有在对立性与统一性之间建立中介联系。协举方法论认为，中介在辩证思维中具有重要地位，把握中介概念，可以在认识中自觉揭示事物普遍的、多样的联系，有助于克服孤立的、片面的形而上学观点，同时也有助于克服对对立统一规律理解和应用的简单化倾向。

（2）重建方法论的基本原则

重建哲学方法论应当遵循以下三个原则：其一，秉持辟新续旧原则，在唯物辩证法的基础上进行方法论重建；其二，体现和

---

① 马克思恩格斯选集：第3卷[M].北京：人民出版社，1995：535.
② 列宁全集：第55卷[M].北京：人民出版社，1965：85.

谐原则，从可持续发展出发，面对不同性质的矛盾施以不同调节方法，促导矛盾转化为多赢状态，体现统筹兼顾；其三，遵循全息开放原则，充分吸收信息论、系统论、控制论、协同论、混沌论、耗散结构论等现代科学最新成果。

创建协举方法论是对唯物辩证法的发展而非否定，它首先承认物质一元性及一元本体之下的多样化存在。多样化不是宇宙本体导源的多样，而是事物形态的多样。如果导源多样，势必存在割裂物质一元性的统一性原理的可能。虽然宇宙的统一有系统性、整体性、局部性不同范围的统一，但都是在物质统一性基础之上被物质一元制约的统一。

从协举方法论出发，认识世界和改造世界的根本原则是和谐法则。在单个矛盾体内，斗争中有统一，统一中有斗争，既相辅相成，又相替相继；在系统内，整体性、局部性的统一主要是以整体性和局部性的并举来体现，在协举方法论看来，整体性发展并非必须以牺牲局部为代价，整体性发展的同时局部性也有发展。

在比较线性辩证与非线性辩证的时候可发现，线性辩证的两点在非线性辩证时随着动态扩张自动呈现出三半，即事物在量或数上，从系统说是"绝对的一"，从整体上讲是"相对的二"，从局部上看是"交叉相对的三"，即一元系统由两大整体构成，两大整体相互交叉运生出三个部分，三个部分在两大整体约束下围绕一元系统作用。半，古有"太半"，"少半"在这里指非整体性，指部分、局部。在辩证发展的过程中，两点与三半是动态协同的并举性发展。从和谐原则出发，系统运行组织的模式为：一元系统＝两大整体＝三个部分。即，要想达到系统这个"绝对的一"的和谐，系统中的"相对的二"必须彼此协调，而"交叉相对的三"也必须并举共进。两大整体的协同性与三个部分的并举性保障了一元系统的和谐性。

协举方法论也是对自然科学和社会科学的"交叉后超越"。交叉是指将一般规律与价值领域各自的宗旨抽取出来"并举"而立，形成多样性；超越是指架构一个新的系统平台，把"并举"而立的宗旨放入其间，统筹兼顾地优势互补、协同运作起来。

（3）协举方法论的创见路径

唯物辩证法告诉我们：世界的物质统一性是多样性的统一。由于世界上的事物千差万别、无限多样，事物之间的联系因此也是具体的、复杂的和多样的。大体说来，联系分为直接联系和间接联系、内部联系和外部联系、本质联系和非本质联系、必然联系和偶然联系等。不同的联系因主体的不同而不同，对事物存在和发展所起的作用也不同。

对"联系"的认知就到这里为止了吗？那就把辩证法看静态了。各种联系之间的联系恰恰体现了物质世界的动态演绎。

从事物发展的整体过程来看，多样性必然走向统一性。在物质世界，事物的多样性和统一性永远是相辅相成的矛盾统一体，二者都不可忽视，都有其正负两方面的影响力。从统一性角度说，统一性催生多样性；从多样性角度说，多样性呼唤统一性。其逻辑循环表现是：统一性催生多样性……多样性呼唤统一性……统一性催生多样性……多样性呼唤统一性……以至无穷，循环往复。

多样性呼唤统一性的方式包括：直接联系寻求间接联系的辅助，间接联系寻求直接联系的庇护；内部联系寻求外部联系的辅助，外部联系寻求内部联系的庇护；必然联系寻求偶然联系的辅助，偶然联系寻求必然联系的庇护；本质联系寻求非本质联系的辅助，非本质联系寻求本质联系的庇护；等等。不同的联系，不仅因主体的不同状况而寻求不同的辅助方式，而且对事物存在和发展所起的辅助作用或庇护作用也不同。

历史和现实一再证明：只多样不统一，就无法聚合强大的生命力或生产力，不利于人类成长和社会进步；只统一不多样，短期内是好事，但长期则使人类和社会组织缺乏足够的活力和创造性，"划一的福音也几乎是同样危险的。国家与民族彼此之间的差异，对于保持高度发展的条件是必要的……人类精神上的奥德赛必须由社会的多样化来供给材料和驱动力"。①

适度的多样性与适度的统一性的完美结合，会给人类社会同时创造出巨大的活力、创造力和生命力。因此，对于人类来说，适度的统一和保持在适度统一下的适度多样性，作为一种理想境界，永远是我们应当追求的东西。

（4）协举方法论的思维先导

突破传统辩证方法论的局限是一个十分庞大的系统工程，从哪里下手呢？协举方法论的思维先导是以和谐为目标，以马克思主义哲学的基本原理"世界的多样性统一"原理为准则，按照从"一"掌控统一、从"二"把握互补、从"三"辩证矛盾的思维，来全面构建立体的方法论。

协举方法论是从巨系统的高度建构的。离开对系统性的理解

---

① ［英］A. N. 怀特海. 科学与近代世界［M］.何钦，译. 北京：商务印书馆，1959：193.

就无从想象"协举"一词。系统由要素构成，不能只讲要素不讲系统，也不能只讲系统而忘记要素。从协举角度讲，我们可以把系统看作与层次相对而言的有机矛盾群。从矛盾到矛盾群的认识，事实上也是从整体观到系统观的飞跃。

这一飞跃奠基了思维方式的框架性转换：

经典方法论的思维方式从数与量上讲是：二……一……二……一……二……一……二……，即对立性……统一性……对立性……统一性……对立性……统一性……对立性……

协举方法论的思维方式从数与量上讲是：一……二……三……一……二……三……一……，即统一性……对立性……协举性……统一性……对立性……协举性……统一性……

从"一"掌控统一的理论根据是唯物主义一元论，这无须多说；从"二"把握互补，即宇宙的时间性与空间性是相互补充的统一存，起源于物质的运动性，这也十分明确；而从"三"辩证矛盾一说，是对经典马克思主义哲学的创新。

协举方法论的思路是：

第一，从系统矛盾观来说，系统矛盾包括整体矛盾和局部矛盾，从"三"辩证矛盾一是把握系统性，二要把握整体性，三还应当把握局部性，只有从三个不同的角度审视矛盾，才能把握矛盾的动态本质。

第二，从整体矛盾观来讲，从"三"辩证是指把矛方与盾方同它们的中介方区别开来。原因在于虽然中介方最终一定是倒向矛方或盾方的某一方，但就其性质来看，介方的性质与矛方和盾方都不同。介就是介，既不是矛，也不是盾，既区别于矛，也区别于盾，属于矛方与盾方的"公用"要素。特别是在调和矛盾双方的过程中，介方的作用更为突显、重要。尤其是以实现双赢、多赢为主基调的今天，介方的作用不可或缺。因此需要把介方列为第三方，形成矛方、盾方、介方三个矛盾方面。

必须说明的是，介方一是指实体，二是指关系。在系统矛盾的联系中，介方的实体性较明显，但对于个体矛盾的两面性存在状态而言，介方多是关系态。比如，在自然界，作为基本粒子的原子，其质子和中子就是靠相互交换介子这个中介而形成一个稳定系统，才有了世间万物的存在。再比如，男女双方正是因为有感情这个中介，才建立家庭，成为一个整体。

对于"中介"来说，关键要把握住：本质内部是无"中介"的；外部现象上的"中介"表明，复杂事物的发展过程才会有"中介"实体。在事物的本质内部，"中介"指的就是矛盾的"同一性"，它是矛盾双方相互联结相互渗透的桥梁；在本质外部即现象联系中存在着"中介"，它是联结事物发展变化的不同阶段的中间环节。因此现象上的"中介"本身也是一个发展过程，科学的"中介"概念反映的是一个具有客观性的发展过程，这是"中介"具有的第一层含义。第二层含义是：在现实世界中，"有中介"与"无中介"构成了对立统一的关系，"中介"理论研究的主要对象是复杂事物中存在的"中介"关系问题，作为本质上的"中介"，它本身就是对立统一规律的一部分、一方面，即矛盾的同一性。

第三，从局部矛盾性理解，从"三"辩证是指矛盾自身的动态结构由三个方面组成。在这里强调动态结构，是为了区别于静态结构。比如，粒子实体的动态结构是由波、粒、场三个方面所组成的，而在任一时间点的静态结构中，粒子只是由两个要素组成，即波+场或粒+场，不存在波+粒+场，因为在任一确定的时间点，或波态或粒状在矛盾的内在本质里只能是唯一性的选择，是粒就不再是波，是波就不再是粒。而绝对的静止态几乎是不存在的，因为万物皆处于运动中。所以，在动态下，粒子表现出波粒二象性。用哲学术语描述则是，变化前和变化后矛盾都是两种性质，即斗争性和同一性，只有在变化中呈现出三种性质：斗争性+同一性+交叉性。交叉性是指斗争性和同一性交替转换，是矛盾自身出于可持续发展的需要而产生的自补形式，即，自我补充自身优势，以适应于最优化存在来促进最大化发展。粒子的"波+粒+场"之动态结构，表明矛盾发展的方向也是辩证的：在时间制约下，粒子可以选择先粒而后波，也可以选择先波而后粒；在空间的制约下，粒子可以选择上波而下粒，或上粒而下波，始终处于波粒二象性的状态，但无论是波或是粒，都在场的环境内存在。

为了全面、立体地补充矛盾方法论的不足，协举方法论从系统的高度来面对方法论的发展与创新，并选择了系统架构来建立普遍的和谐模式。协举方法论所用的范畴都是动态、立体、系统和开放的。

矛盾方法论的概念是：矛盾分析、主要矛盾、次要矛盾、具体解决、一方屈从。而协举方法论的概念是：矛盾整合、中心矛盾、边缘矛盾、系统和谐、中介控制。基于这样的概念体系，矛盾方法论偏重于矛盾分析，忽略了矛盾整合，仅仅分析而不整合势必会导致弥散性破缺，有失系统完整性。同时，矛盾方法论偏重于寻求主要矛盾而忽略了中心矛盾，在辩证法中常常是分析来分析去到最终丢了中心，形成左右摇摆，"亦此亦彼"的同时难以"有中心"，在两点论主宰一切的情况下，思维框架里根本没有"中心"的位置可言，后来补以重点论，但重点依然是两点中的某一点，归根结底还是两点，而两点是没中心的。为此，矛盾方法论偏重于把主要矛盾同次要矛盾做区别，但在思维框架里是无济于事的，因为主要矛盾是由两点构成，次要矛盾也是由两点构成，主要与次要又是两点，还是没有中心的结构。事实上，在立体开放的思维框架里，无论事物是什么结构，如"球形""箱形"或"塔形"等，都是存在中心、直径、半径、周边的结构，所以，协举方法论的思维框架确立了中心矛盾与边缘矛盾等范畴，这在"球形""箱形"或"塔形"里都能够准确地定位其中心。

　　矛盾方法论偏重于具体解决，遵从"具体矛盾具体分析、具体对待"。这本来是客观科学的做法，但由于仅仅基于两点论的直线寻求，丧失了对非线性矛盾把握的机会，在面对庞大的矛盾群、矛盾组合体时无法真正地解决矛盾。协举方法论把系统和谐的理念引入矛盾观之后，很自然地将具体矛盾看成系统的"缩影"，既然系统是和谐的，具体矛盾也就有其和谐的一面，解决途径就在新的和谐原则下发现了，解决方法就在新的和谐思维框架中找到了。因此，协举方法论也就从根本上突破了矛盾方法论解决矛盾问题的方式，使解决矛盾的方法成倍增加，更容易最终实现具体矛盾具体解决。

　　矛盾方法论偏重于一方屈从，运用矛盾方法论解决矛盾问题，可选择的办法较为有限，效果不尽理想。经典的矛盾方法论从黑格尔起，直至传统的哲学教科书中，所提出的解决矛盾的方法一般也只包括三种：一方克服另一方；双方同归于尽；被新的矛盾所取代。协举方法论在和谐原则与从三辩证的方法指导下，发现了更多新的解决矛盾的具体方法。例如：对整体矛盾的一方监督另一方；双方同步而提升；两方共辅第三方；对于系统矛盾的居此寓彼而孕他；等等。

第二章　协举方法论的历史基础

创新不是对已有思想资源的无机综合、无序拼合。没有标准的汲取等于无效吸收，不加判断的传承等于无益延续。

创建协举方法论的立意，绝非立新弃旧、"喜新厌旧"，而是辟新续旧，以人类已有智慧结晶推动创新。经过梳理就会发现，无论是在哲学领域还是科学、社会学领域，都能够发掘出创建协举方法论的历史基础。

一、协举方法论的哲学基础

协举方法论是一种新的方法论，但它不是凭空产生的，在古今中外思想史上，有不少与协举相关的思想。对之研究的目的是提炼、萃取精髓，接续前人的智慧火花，创新出透视当下、迎向走势的智慧成果。

1. 中华传统文化和谐观中的协举思想

"和"是中国哲学最基本的哲学范畴，和谐思想是中华传统文化的核心。关于和谐的思想悠久而丰富，各主要学派几乎都有自己独特的和谐观。它们从不同的哲学思路和时代诉求出发，对和谐的内涵、如何实现和谐、社会的和谐模式等进行了探讨和阐发，为创建协举方法论提供了丰富参考。

（1）协举的前提："道"的自和性

在中国传统哲学里，天道的存在是毫无争议的默认前提。它超然于万物之上，是天地万物自有的运行规律，无形而无处不在地维护着自和性。

从世界本体的角度，"和"是万物生成和并存的天然秩序。老子曾曰："道生一，一生二，二生三，三生万物。"（《老子》）天下万物皆由道而来，其生成和演变都在道的统摄之下，都不能违背道的统一法则，"人法地，地法天，天法道，道法自然"（《老子》）。正是出于这种统一法则的约束，天地人之间有一种自然而然的先在和谐，皆在道的轨道中运行。

天道的自和保证了万般事物的安宁，背离了天道则会失去和谐。《易经》乾卦提出："乾道变化，各正性命。保合太和，乃利贞。首出庶物，万国咸宁。"（《周易·乾卦》）大意是调整事物的性质，使之适应天道的变化、运行，这样万物才能保持最和谐状态，顺利运转。这一思想贯穿于《易经》始末，如"天地交"，"二气感应"，则万物通顺；"天地不交"万物就不通顺。可见，事物发展的顺利与否，取决于事物是否遵循了天道，是否背离了道内在蕴含的和谐规律。《易传》继承了这一思想，强调："天地细缊，万物化醇，男女构精，万物化生。"（《易传》）天地阴阳两气和合，人类两性相交、和谐，万物才得以生成、发展、变化。

正如子思所云："中也者，天下之大本也。和也者，天下之达道也。致中和，天地位焉，万物育焉。"（《中庸》）中国传统哲学主张"以和为贵"，其根本用意在于使人的自身修养、行为实践与天道相符，使社会秩序、政治治理与万物的客观规律保持一致。

（2）协举的基础："和而不同"的多样性统一

中国古代哲学中的和谐，并非无差别的同类相加（"同"），而是性质相异的事物的统一、互补、协调。在著名的"和而不同"思想中，体现的正是协举的基础——多样性统一。

春秋时史伯提出了"和"与"同"相异的哲学观点。他认为，万物是由此物与他物相互和谐而生成，而相同的物相加则不能形成新的东西，例如音调单一就不好听，颜色一样就没有文采，只有一种味道就没有滋味，只有一种物品就无从比较好坏。由此，他提出了"和实生物"（《国语·郑语》）的重要论断。他说："和实生物，同则不继。以他平他谓之和，故能丰长而物归之。若以同裨同，尽乃弃矣。故先王以土与金、木、水、火杂，以成万物。"（《国语·郑语》）史伯是第一个对和谐理论进行探讨的思想家，他区分了"和"与"同"的内涵及其作用。不同事物之间彼此为"他"，"以他平他"正是指各种事物的协同与协调并举。所谓"和"，是指各个不同的对立面相互协调配合、协举统一而达到的平衡状态。不协难配合，不举难统一，协举才能产生新事物。所谓"同"，是指只有某一面的自我同一，即把相同的事物结合在一起，只有量的增加而不会产生质的飞跃，也不可能进而产生新事物。事物的发展也就停止了。

后来，晏婴又具体发挥了这一思想，他把"和"与"同"相异的辩证思想运用于君臣关系上，认为"君所谓可，而有否焉，臣献其否，以成其可；君所谓否，而有可焉，臣献其可，以去其否。是以政平而不干，民无争心"（《左传·昭公二十年》），国君意见中有正确，也有错误，臣子肯定其正确，指出其错误，而国君能够容纳，这样君臣之间就能保持协调和谐关系，政治就清明，百姓也无作乱的念头。

孔子则从伦理角度丰富了对"和"与"同"的认知："君子和而不同，小人同而不和。"（《论语·子路》）君子能够接纳异己，兼容别人的不同观点，从中吸收有益因素，同时也不会失去主见地盲从；小人则随大流地迎合、附和，而这并不是和谐。在孔子看来，和谐不是简单划一地保持一致，而是在多样的、存在差异的事物之间实现协调。这不仅仅是为人之道，而且更是碰撞出智慧、扩容心胸的正确方式。

（3）协举的核心："中和中庸"对矛盾的系统协调

中国哲学从远古到宋明理学以下，讲阴阳之道，讲天人之道，讲道的体用，都贯穿着一种中正、均衡、和谐、协调、并举的精神。在看待矛盾时，中国古代的哲学家们往往是从系统的角度出发进行调节，促使多样的事物均衡发展。不因一方的过度发展而妨碍另一方的存在，主张适度、公平、执中。比如晏婴提出了

"权有无，均贫富"（《晏子春秋》）的思想，意在解决贫富不均问题；道家提出要无欲、不争，事物各自处于自然状态，遵道而行；墨家以"兼爱"作为为人处世的标准，因为个人的利益包含在天下这个大系统的整体利益中，唯有兼爱才能实现"爱无差等"的理想世界；法家倡法治，主张通过正名、明赏罚使人们各就各位，保证社会系统的良好运转。

对于矛盾的系统协调，思想资源最丰富的非儒家莫属，集中地体现为"中庸"观点。所谓"中庸"，北宋程颐给出了明确定义："不偏之谓中，不易之谓庸。中者，天下之正道。庸者，天下之定理。"（《中庸》）意思是，不走极端，保持系统的内在稳定。

最早提出中庸思想的是孔子，他认为，真正的和谐必须通过严格的原则规范来实现，要把中庸作为克服"过"与"不及"偏向的行为准则，用对矛盾各方的权衡、调节实现系统的均衡，保证各方事物的持续存在和发展。在孔子看来，中庸既是至德、至善的人生哲学，又是宽以济猛、猛以济宽的治国平天下的政治哲学。"丘也闻国有家者，不患寡而患不均，不患贫而患不安。盖均无贫，和无寡，安无倾。"（《论语·季氏第十六》）中国历史上平均、平等思想经久不息，其发源正在于孔子的中庸思想。同时，中庸也是世界的根本规律，"中也者，天下之大本也；和也者，天下之达道也"（《礼记》）。孔子首倡的这一中庸理论，以后又得到不断丰富发展，成为儒家学说的理论基石：施政使民，贵乎"执中"；天地万物，贵乎"中和"；君子言行，贵乎"中庸"。

中庸中和思想在中国历史上的影响极为深远，也有着充足的理论内容。周敦颐说："中也者，和也，中节也，天下之达道也，圣人之事也。"（《周子全书》）程颐说："若至中和，则是达天理。"（《河南程氏遗书》）司马光说："苟不能以中和养其志，气能浩然乎！"（《温国公文集》）朱熹说："但能致中和于一身，则天下虽乱，而吾身之天地家一国，莫不然。"（《中庸或问》）王阳明说："天理亦有个中和处。"（《传习录上》）戴震说："中和，道义由之出。"（《原善下》）先哲们的中和中庸思想对中国文化影响至深，并对中国的政治思想产生了重大影响，和谐、均衡、中和、公正成为举天下、和社会、强国家、富人民的重要原则。

中庸思想的本意是通过调和分寸来维护平衡，不偏不倚地平等对待系统中的各方因素，兼顾冲突、变化着的矛盾各方，用灵活的协调维护不变的道。然而，由于缺乏具体的方法指导和实践机制，这种适度原则往往容易被误解为避免极端的折中主义，不利于鼓励先进、鞭策后进，不利于事物的开拓创新，这一点应给予正确看待。

（4）协举的特点："和"对矛盾的动态并举

在中国古代哲学家眼中，无须排斥矛盾的存在。正是通过对矛盾各方协调并举，事物才走向可持续发展。因此，"和"不仅仅是一种趋向协调、向往和谐的理念，同时也是一种动态策略，即引导事物从失和走向新一轮和谐。

我国最古老的医书是《黄帝内经》。它把人体一切生理、病理的变化归诸阴阳五行相生相克的消长过程，阐发了协调与失调的哲学思想。它认为，人体"阴平阳秘，精神乃治"，即肌体安定平和，阴阳就处于协调平衡的状态，人体就健康。否则，"阴胜则阳病，阳胜则阴病"。如果再任其阴阳失调，终将"阴阳离决，精气乃绝"，生命运动也就停止。因而《黄帝内经》强调要在不断调节阴阳消长中保持人体的动态协调平衡，明确提出了"谨察阴阳所在而调之，以平为期"的治病总原则。这一动态的协调平衡思想不仅表现在对阴阳关系的阐述上，而且表现在对五行相生相克关系的分析中。五行原是指木、火、土、金、水，《黄帝内经》依次把它们比为肝、心、脾、肺、肾五脏。人体脏腑之间是相互联系的整体，五脏之间既相互生成，又相互克制，相生相克，相反相成，从而保持五脏之间正常的协调运动。换言之，如果人体五脏之间相生相克的矛盾运动得不到正常运行，就会出现"相乘""相侮"的失调状态。《黄帝内经》把人作为一个和谐的整体来看待，运用各方矛盾的不同性质，来实现互补、互制，这种主动引导内在矛盾走向协调的动态并举观点，在当时十分难得。

《易传》中也提到了通过矛盾冲突、转化走向和谐的过程，据此提出了"太和"的观念。北宋思想家张载指出："太和所谓道，中涵浮沉、升降、动静相感之性，是生氤氲相荡胜负屈伸之始。"（《正蒙·太和篇》）道是中国传统哲学的最高范畴，在张载这里，"太和"便是道，是最高的理想追求，即最佳的整体和谐状态。但这种和谐不是排除矛盾、消弭差异的和谐，而是存在着浮沉、升降、动静、相感、氤氲、相荡、胜负、屈伸等对立面的相互作用、相互消长、相互转化的和谐。因此，这种和谐是整体的、动态的并举结果。正是这种整体的、动态的和谐并举，推动着事物的变化发展，推动着社会历史的进步与发展。

明末清初，我国伟大的思想家王夫之在此方面也提出了不少精辟的见解。他强调万物的和谐、协调、一致，说"天下之变万，而要归于两端，两端归于一致"（《老子衍》），"天地以和顺为命，万物以和顺为性"（《周易外传·说卦传》）。针对人们对于对立和矛盾的排斥，他提出，一切矛盾、对立都不是绝对的，而是相互转化的。"天下有截然分析而必相对待之物乎？求之于天地，无有此也；求之于万物，无有此也；反而求之于心，抑未谂其必然也。"（《周易外传·说卦传》）因此，王夫之主张人们要善于发挥能动作用，指出不同甚至相反（"大反""倾之"）并不是不协调的原因，关键是要善于利用，"君子乐观其反"（《周易外传·杂卦》），正视矛盾和社会变革，使主体在历史变迁中起到作用，以人之"兴""安"助天之动静。尤其可贵的是，在研究事物的运动变化时，王夫之卓越地提出"动静互涵，以为万变之宗"（《周易外传》）的动态协举思想，这为研究如何在矛盾并举中实现可持续和谐提供了思想借鉴。

在"和"的主旨引领下，中华传统文化中出现了很多关于以并举收获和谐的观点，并成为规范个人品德、社会伦理的精神文化。《左传》讲："宽以济猛，猛以济宽，政是以和。"《易传》中讲"天行健，君子以自强不息；地势坤，君子以厚德载物"，更准确地阐明了自强不息、生生为易和"阴阳和德"的对待和谐的协举精神。《尚书》说："克明俊德，以亲九族。九族既睦，平章百姓。百姓昭明，协和万邦，黎民于变时雍。"强调首先把自己的宗族治理好，使之团结和睦，上下一心；然后治理好自己的诸侯国并协调各诸侯国之间的关系。这样一来，天下臣民都友好如一家。这是一种十分理想的社会形态，家庭和睦，国家安宁，人人各得其所，各尽所能，彼此没有冲突。正像《礼记·礼运》中描述的那样："四体既正，肤革充盈，人之肥也。父子笃，兄弟睦，夫妇和，家之肥也。大臣法，小臣廉，官职相序，君臣相正，国之肥也。天子以德为车，以乐为御，诸侯以礼相与，大夫以法相序，士以信相考，百姓以睦相守，天下之肥也。"多美的人间乐园！

2. 中国传统哲学整体观的协举内涵

在思维方式上，强调整体性、和谐性、统一性，是中华传统文化的显著特征。从先秦的"天人合一"论到宋明的"万物一体"论，是这一特征的集中体现，而在这一整体论思维方式中又渗透着协举思想。

（1）万物一体理念中的阴阳、五行协举

中国传统哲学用整体观点看待天地万物，认为天、地、人虽各有特点，但都不是孤立的、封闭的，而是通过阴阳五行相贯通，成为一个包罗万象、变化日新的有机统一整体：不仅人的生理、身心魂、人与人是相互联系的整体，人与自然、人与天地、宇宙万物也是相互联系的整体，各系统及其要素之间相互依存。

出现于西周的阴阳、五行学说是中国最古老的整体观学说。阴阳理论主张"阴阳化合而生万物"，认为"阴"和"阳"是万物的基本属性和关系，世界上一切事物或现象都可以用"阴""阳"进行分析、描述。阴阳互补，相依相持，体现了万物的整体秩序。老子说"万物负阴而抱阳，冲气以为和"（《道德经》），即阴阳二气相互作用构成统一整体（"和"）。五行学说则用金、木、水、火、土归纳世间万物的构成元素，五行相互制约、相生相克，推动了事物的发展、变易。阴阳五行说被广泛运用于我国古代医学、数学、天文学、地理学、堪舆等，成为中国哲学的基础理论。

"八卦"及后来重叠而成的"六十四卦"也是以阴阳学说为基础的。《易经》认为，物质世界由"太极"演化而来，混元一气生出阴阳（"两仪"），两仪生四象，四象生八卦，八卦衍万物。八卦代表了八种基本物质现象，也成为万物的生成模式，由此产生了多种多样的存在物。《易经》称天、地、人（或天道、地道、人道）为"三才"，"六十四卦"所表现的不外是"三才之道"，这就把宇宙万物归结为不同层次而相互制约的三大系统，三大系统构成统一的整体。在《易经》中，作为最高范畴的"太极"一统阴阳，阴阳统"三才"，宇宙是统一整体。一切都在整体范畴内运行，彼此联系、相互作用，所有变化都可以从阴阳、八卦中产生，甚至可以推演出其未来动态。及至宋代，周敦颐的《太极图说》更是用太极学说构建起一个简明的宇宙论体系，阴阳二气交互生成万物，成就了无穷无尽的变化。因此，从自然界直至社会上层建筑，都蕴含着内在一致的合"理"规律，他说："阴阳理而后和。君君，臣臣，父父，子子，兄兄，弟弟，夫夫，妇妇，万物各得其理然后和。"（《通书·礼乐》）此处强调了社会人际关系与自然秩序的呼应，具有必然性。

（2）天人合一理念中的天人协举

中国传统哲学中的"天人合一"观念中同样包含着丰富的协举思维内涵。这种观念强调，天、地、人之间存在着自然共生关系，人可以通过德行修习与天地实现在精神层面的交流，以德与道互动。

在商周之际，我们的祖先就开始了对天人关系的探讨和阐发。他们注重人与天、人与社会、人与自然的统一和协举，"天人合一"观念成为中国传统文化的主流和谐观念。《周易》从天地万物的生成序列上云："有天地，然后有万物；有万物，然后有男女；有男女，然后有夫妇；有夫妇，然后有父子；有父子，然后有君臣；有君臣，然后有上下；有上下，然后礼仪有所错。"天地、万物、君臣、上下以及礼仪等，是一个完整的统一体。天是这个统一体的本源主宰，是天这个本源通过其协举策略使万物达到和谐而统一。"是故形而上者谓之道，形而下者谓之器"，道与器之间是密切关联的，器是承载道的现象级存在，要透过器去把握器背后的道。

天人合一也是先秦儒家世界观的重要内容。《中庸》说："唯天下至诚，为能尽其性；能尽其性，则能尽人之性；能尽人之性，则能尽物之性；能尽物之性，则可以赞天地之化育；可以赞天地之化育，则可以与天地参矣"，"诚者天之道也"，"诚"即"天道"，人只要能尽其天道之德性，就会达到天道、人性、物性和整个自然界、整个社会的协举统一。孟子以更简练的语言概括了"天人合一"："尽其心者，知其性也；知其性，则知天矣。"

（《孟子·尽心》）"性"即人固有的天性——仁义礼智，植根于"心"，人只要极尽其心，驯导其本底的欲望以思行善，便可知其"性"；知其"性"，便可知"天道"贵善，于是心、性、天相互融通、相互协举，融为一体。

先秦道家同样主张"天人合一"。道家的"道"同儒家的"天"一样，都是宇宙的本体，只不过道家更重视人与自然的和谐。老子说："道生一，一生二，二生三，三生万物，万物负阴而抱阳，冲气以为和。"（《老子》）"人法地，地法天，天法道，道法自然。"（《老子》）庄子从道的观念出发，认为天地、万物和人是齐同的，"天地与我并生，而万物与我为一"（《庄子·齐物论》）。道家认为和谐的关键在于积极地调整人自身的欲望，通过无为、清心寡欲而顺乎自然，以无为达到无不为。

汉代实行"罢黜百家，独尊儒术"的文化政策，故其哲学流变由先秦诸子之学转入两汉经学。两汉经学是以先秦儒家思想为经典发展起来的经院哲学体系，它以宣扬天人感应、君权神授为特色，其体现的和谐思想也以这种思想为前提，其代表人物是董仲舒。董仲舒认为，天人是相互感应的，感应的根据是天人皆有阴阳，而阴阳消长的原因，在于五行的"相生"和"相胜"，五行生胜，才导致了宇宙间万事万物的生成变化，诸如自然界的四时代谢，社会上王者四政（庆赏刑罚）迭用，个人四气（喜怒哀乐）转换。在这种运动变化中，始终体现着天的意志和德行，阳是天的恩德的体现，阴是天的刑罚的体现，天"亲阳而疏阴，任德而不任刑也"（《春秋繁露·基义》）。根据"天人感应"的原理，董仲舒为君权神授制造了一套逻辑：天、地、人是一个统一体，而将他们串联、贯通起来协同并举的当是"王"。因此，在社会政治生活中要"以人随君""以君随天"，君是现实世界代替天统御臣民和万物的主宰；"天"经常用符瑞、灾异对地上的统治者表示希望和警示，用以指导他们的行动。

天人感应论使儒家天人合一的思想罩上了神学的色彩，而三纲五常的伦理规范一方面是对先秦儒家崇尚仁义、注重个人修养思想的继承，另一方面，则是从社会制度的角度，以明显的自觉意识，对先秦儒家修养论进行了理论发展。阳德阴刑、独尊儒术的主张，则反映了儒家学说与封建专制王权相结合、为专制王权服务的自觉性。至此，天人合一思想发展到了一个新阶段，对于天人关系的认识延伸到了社会实践、政治秩序领域，尝试阐述天人之间的和谐"共振"模式。

宋明理学以理气论、心性论为中心的道德形而上学体系，是儒学发展史上的一个新阶段。朱熹是宋代理学的集大成者，他不仅继承了孔孟、周程的思想，还吸收了佛道两家的思想内容，建立起对"理""气""心""性"的认识，并将这些范畴熔铸为"天理"。通过把理气论和心性论融为一体，朱熹将儒学的伦理规范、道德精神提升为宇宙本体，然后再通过理本气末、理一分殊论证世界万物的产生及其统一性，形成了一个比较完备的理论思想体系。这一时期的和谐思想就以这种特殊的方式展现：以"性即理"为中心命题从宇宙本体论中推衍出人性与物性，并以天地之性与气质之性来论证人性中的善恶问题，最后再通过居敬穷理的修养功夫达到人性的完善、人性与天理的统一。朱熹的理学思想符合统治阶级重视纲常伦理、强化中央集权的需要，因此成为中国封建社会后期的官方显学，并对之后的中国政治、思想和文化产生了深远的影响。

宋明理学的另一派则是陆王学派。这一学派认为，"心即理也"，理就在心中，通过向自己的心内求，就可以认识最高的道德，以己心而知宇宙。王守仁发展了陆九渊的学说，建立起心学体系，对《大学》"三纲领"做出了阐释，即主张通过去私欲而明德，认识到个体与天地万物本为一体，通过"致良知"达到人与外部世界的和谐。

3. 中国近现代哲学中的相关探索

协举思想在中国近现代哲学中主要体现为现代新儒家的和谐观，以及当代学者的协调并举思想。本部分还对从 20 世纪末延伸至 21 世纪初的"一分为三"理论进行了探讨，这不仅有益于进一步把握中华传统文化中协举思想的当代发展，也对进一步明晰协举方法论中的一些基础概念做出铺垫。

（1）现代新儒家的和谐观

面对全球化浪潮的冲击，20 世纪 20 年代出现的现代新儒家力图从融通中西、提升中华传统文化的角度开辟出新局面。因此，现代新儒家更加注重和谐观的社会效应研究，总结、提炼传统儒家和谐观的精髓，梳理其在长时段历史进程中发挥的作用，而后斟酌其在世界文明体系中的定位。

在现代新儒家看来，传统儒家对于社会秩序的协调方案主要借助于"仁""礼"。可以说，仁是和谐、协调的核心，礼是和谐的外在形式，社会成员通过个人的道德自律各守其位、各尽其责，足以构成社会秩序的稳定，这也是"克己复礼为仁"的社会效应目标。现代新儒家在"仁""礼"的内涵和作用上进行了内容丰富的深入研究：梁漱溟研究了家庭伦理对社会矛盾"化整为零"地进行了排解，分析礼俗和人情关系对社会秩序的维持作用；马一浮从天人合一的角度出发，强调仁与礼的一体性，把孝作为道德的源头；冯友兰把社会与个人之间的关系定位为整体与个体的关系，把个人视为社会的一分子，才能够实现自然和社会的和谐；贺麟则认为应该用"等差之爱"来落实传统人伦，最终实现普爱；余英时主张把政治从人伦秩序中划分出来，依靠法律和制度来解决人际和谐问题；等等。可以看到，现代新儒家的和谐观力求探索的是：人与自然、人与人和人与社会之间，乃至不同国家、民族的文化之间如何达到和谐和平衡。他们尝试提取出传统儒家思想中跨越时代、恒久存在的思想精粹，使传统文化在现代化进程中持续保有引领作用，在保证文脉连续性的同时，也让中国传统哲学理念成为现代化精神的构成要素。

现代新儒家在和谐观方面的努力和贡献不可抹杀，然而，面对冲突迭起、变化日新的现代社会，仅靠仁、礼的作用是远远不够的。现代新儒家沿袭了传统儒家的"向内用力"的修养方式，但并没有在此基础上进行质的突破。他们追求的和谐是缺乏竞争意识的，把和谐、协调的方式局限于个体的、局部的、内在的自我修养，对于冲突的调节、划转并没有提出有效的哲学方法或实践方案。

（2）当代学者的协调并举思想

在当代，不少学者从中国古代先贤的思维中汲取营养，并提出包含着事物协调并举的观点。

张岱年先生对中华古代传统文化中的合一思想做出了梳理。他认为，"合一"一词与现代的"统一"应属同义，合一并不否认区别，它指的是对立双方彼此区别又密切相连的关系；钱穆先生认为，与西方文化相比较，中国文化精神的最突出特征就是兼容并包，中国文化的独有的调和功能使得多种存在能够共存并处、相互调剂；汤一介先生在《和而不同》一书中对儒学的"和而不同"原则进行了现代价值发掘，认为它有利于消除民族文化差异产生的冲突，他还指出，中国哲学蕴含着"普遍和谐"的观念，这种和谐由四个方面构成，即自然的和谐、人与自然的和谐、人与人的和谐、人自我身心内外的和谐。与此同时，汤一介先生认为这种"普遍和谐观念"作为一种思维方式，它所注意的往往是"和谐"和"统一"，而忽视事物之间必然存在的"矛盾"和"对立"，需要对其加以改进，才能对现代实践做出有力指导。

在当代学者中，系统地对协调并举思想做出探索的是著名哲学家张立文教授，他的《和合学概论——21世纪文化战略的构想》（张立文，2004，首都师范大学出版社）是当代学者探索和谐的重要哲学著作之一。该书分上、下两卷，洋洋近80万言，结构严谨，体系庞大，新见迭现，读来令人耳目一新。书中讲：中华民族是一个崇尚和合的民族，在其传统文化的宝库中蕴藏着丰富的和合思想资源，"和"即和谐、和睦、和平，"合"即合作、结合、融合，"和合"一词指的是两种以上不同要素的协调、结合、融合与和谐。正如张立文教授所言，和合是中国文化的首要价值，是中国文化人文精神的精髓，和合不是某家某派的文化精神，而是包含儒、道、墨各家各派的普遍文化精神：儒家讲"仁者，爱人""爱有差等"，是在承认社会等级的基础上求和合；道家主张自然无为，是追求人与自然的和合；墨家倡导"兼相爱，交相利"，是通过无差别的爱来实现家庭和社会的和合。和合不是中国文化某一发展阶段的人文精神，而是中国文化一以贯之、绵延不绝的人文精神：先秦各家讲和合，不待多言；汉代董仲舒提出天人感应论，将自然现象与政治相联系，旨在求君臣、上下与宇宙的普遍和合；魏晋玄学家讨论"有""无"，提出要"越名教而任自然"，是要把儒家的伦理道德与道家的自由心志和合在一起；宋明理学家热衷于"理气之辨"，绝大多数人都认同理气和合，每个事物都是有理有气的理气和合体。和合不仅停留在思想层面，还渗透到社会生活的方方面面。

（3）当代学者的"一分为三"理论

由于本书所论述的实现和谐的具体方法与"一分为三"在形式上有相似之处，所以，有必要对学术界关于"一分为三"的论述予以梳理。20世纪80年代初到90年代初，学术界关于"一分为三"理论的探讨最为密集，引发了数轮学术争鸣，争鸣一直延续到21世纪初期，共计300余篇相关论文相继发表，出版书籍10多部。

以雷正良研究员（发表相关文章时常用笔名"坚毅"）为代表的学者指出，"一分为二"是矛盾的基本形式，但不是矛盾的唯一形式，无论事物还是矛盾本身都是"一分为三"的，"一分为三”应是唯物辩证法的实质和核心。他们认为，事物的构成有正项、中项、反项三个方面，矛盾的构成有对立面、中介、对立面三个方面，事物和矛盾的发展都要经历三个阶段，即使是事物的存在本身、人们的认识过程本身也包含三个阶段，因此，“一分为三”具有本质规律性。与此同时，“一分为二”是“一分为三”的简化，“一分为多”是“一分为三”的延伸。

　　“一分为三”理论引起了学术界的强烈反响。一部分学者持反对态度，他们认为，“一分为三”背离了马克思主义基本原理，否认了事物运动变化的内在矛盾，而常常被界定为“第三方”的中介并不能成为独立的一方；赞成“一分为三”理论的学者也常持有不同观点，比如有的赞成事物“一分为三”，却不同意矛盾能够“一分为三”，有的学者认为“一分为三”比“一分为二”更普遍、全面、深刻，而有的学者却主张“一分为三”是对“一分为二”的补充、延伸。由于本书的重点在于探索协举方法论，故此处不再对相关争鸣进行梳理，仅就“一分为三”理论本身进行分析。

　　首先，事物能否“一分为三”？有的学者认为，事物存在中间状态、中间因素、中介状态，因此必须一分为三；有的学者认为，事物的本质是“一分为二”的，而事物的现象可以“一分为三”或“一分为多”；有的学者指出，事物生成的三大基础要素是能量、物质、结构；有的学者认为三元结构是事物的基本结构。作者认为，在该领域的已有学界观点中，大家对事物“一分为三”的划分往往是从实例论断出发，混淆了事物抽象的规定性与其实物形态，对“三”的划分原则并没有达成共识，即事物到底应该依据什么而"分"，分出来的"三"究竟在何种意义上具有相对独立的地位。事实上，事物首先是可以一分为二的，但对任何一个一分为二的事物，还可以继续将其一分为三，这个多出来的第三方，应该或是有形的实物，或是双方的共同因素，还有可能是双方的共同发展目标。具体如何划分，应该取决于人们看待事物、把握事物时的目标侧重。正是随着对事物由一到二再到三的认识，人们对事物的理解和把握程度也在不断深入。

其次，矛盾能否"一分为三"？有学者认为，"一分为二"是矛盾的基本形式，但不是矛盾的唯一形式，容易把矛盾简单化，难以说明矛盾的复杂性质；还有的学者认为，"一分为二"是从矛盾的内部、实质进行划分，"一分为三"是依据矛盾的外在形式差别而划分；等等。由此出发，学者们对于矛盾如何"一分为三"提出了很多设想：有的学者提出复杂事物发展过程中的矛盾可以"一分为三"，矛盾内部却无法"一分为三"；有的学者提出深层矛盾是"一分为二"的，浅层矛盾应当"一分为三"；有的学者则要求确立新矛盾论，即立体矛盾观，或正中反矛盾论，或同异反分析法，用对立面—中介—对立面来分析和看待矛盾。这些观点延伸了对矛盾的分析，然而忽略了很重要的一点，即"一分为三"到底是在围绕什么而作用？如果说"一分为二"是为了分析矛盾，那么无论用"一分为三"还是"一分为多"去继续分析矛盾，都难以实现普遍规律层面的突破。当我们将矛盾"一分为三"时，第三方首先应当具有不亚于其他两方的重要位置，而后才能充分地作用于其他两方，"一分为三"之"三"应当处于同一层次上。分析矛盾是为了解决矛盾、实现和谐，站在创造和谐、划转矛盾的角度去看，才能凸显出矛盾"一分为三"的意义。

最后，中介能否成为独立存在的一方？学术界对于中介因素的争论，往往集中在中介本身的独立性上：中介到底是实体还是一种属性？中介是否属于事物、矛盾自身结构的一部分？中介只有通过对立面双方才能获得其规定性？学术界对于中介的定位是多样的，称之为"矛盾的第三个方面""中间环节""过渡状态""中介方"，等等。大家公认的是，中介是普遍存在的。宇宙间不存在不可以做介、不是中介的存在。然而，值得注意的是，在认识中介时，如果仅仅从中介的结构定位和功能角度出发，会对中介本身的性质认识不完全，难以把握中介对于对立面双方的性质是否发生了影响和干涉，更难以看到中介在解决矛盾过程中所承担的角色和作用，使得在把中介与矛盾两极进行并列时，显得地位较为附属而薄弱。

可以看到，学者们对于"一分为三"的哲学地位众说纷纭，有的认为它是唯物辩证法的核心，比"一分为二"更为基础，甚至应当取代"一分为二"，有的认为"一分为三"是"一分为二"的补充。事实上，在以上三个问题没有得到解决时，我们去探讨"一分为二"和"一分为三"到底哪一个更为普遍、根本，是很难得到公允的答案的。

笔者认为，"一分为二"是"一分为三"的基础，"三"是由"二"而来，想要跨越"二"的阶段直接跳入"三"的阶段，是不利于对事物的认识的。协举方法论讨论的"三"，是从整体角度看待事物、矛盾，从其内在各部分的关系即"一主二基"上来确定"三","一分为二"则是从一个系统分为两个整体的角度去看待事物和矛盾。因此,"一分为三"并不是在对立面双方之外设置第三方,"一分为三"和"一分为二"并不冲突。

作为"一分为三"理论的重要代表人物,庞朴先生的《一分为三论》《浅说一分为三》等著作和论文也提出了很多创新性观点。他结合中国古代哲学和现代辩证唯物主义指出,"一分为三"是实实在在存在的,也是不断发挥着作用的。庞朴先生的理论研究不是停留于"一分为二"和"一分为三"的比较上,而是对"一分为三"的"一""三"做出了深刻的理论阐发。他认为,"一分为二"只是思维的过程,一分为二之后,还要合二为一,而这个合出的"一"是独立于"二"之双方的第三方,儒家把这个过程叫作"执两用中",道家则描述它为"一生二,二生三",或者叫"得其环中,以应无穷",这种中国式的思维方法可以称为"一分为三"。相应地,对立统一包括三种形式,即包容式(对立面统合为一)、超越式(在否定对立双方的基础上形成新的统一体)、主导式(第三者作为两者之和起统摄、主导作用)。这种思路显然具有空前的创新意义,对"一分为三"理论研究起到了重要推动作用。然而,庞朴先生将协调矛盾的方案最终付诸"中庸",对"中庸"的理解却并没有超出传统哲学,将其归纳为执两用中、不偏不倚,这事实上只对矛盾的调和有效,对矛盾的多方交叉、换层跃迁、中介寻找、协调守恒却作用不足,因此,需要我们在此基础上继续探索。

60

4. 西方哲学史中的协举思想追溯

中国传统文化重悟性、重自然生态，西方哲学则重实证、重逻辑。西方哲学史中的协举思想几乎与其科学思想发展同步，侧重从材料级唯物的方式追寻和谐之所在。

（1）古希腊时期的自然和谐观

古希腊时期的和谐观念主要是自然和谐观，以毕达哥拉斯、赫拉克利特、阿那克萨戈拉、斯多葛派为代表。

这些古希腊先贤认为，宇宙是和谐的，和谐是由差异和对立造成的，对立是为了和谐。这一观点表达了对宇宙实现和谐的最初认识，也体现了最初的对和谐问题的直观的、朴素的辩证认识。毕达哥拉斯既是一位哲学家、美学家，又是一位天文学家和数学家，他认为天上发生的事情，在地上也可以找到；支配着自然的法则，也支配着人的活动。"整个天体是一种和谐和一种数"①，因此，"和谐是杂多的统一，不协调因素的协调"②。在毕达哥拉斯看来，"和谐"是一个基本范畴，运动和对立都是为了和谐，对立应服从于和谐。这一观点对后人认识和谐问题产生了重要影响。著名哲学家、美学家赫拉克利特也主张"美在和谐"，在对立物的统一，但他扬弃了毕达哥拉斯以"数"为基础的神秘主义色彩，代之以"物"为基础。他说："互相排斥的东西结合在一

---

① 冒从虎，王勤田，张庆荣．欧洲哲学通史：上卷［M］.天津：南开大学出版社，1985：30.

② 冒从虎，王勤田，张庆荣．欧洲哲学通史：上卷［M］.天津：南开大学出版社，1985：31.

起，不同的音调造成最美的和谐；一切都是斗争产生的。"①阿那克萨戈拉指出，万物由初始的相聚走向分离，然而又由于包含同样的内容而体现着另一种相聚，事物不能孤立存在，世界是统一的。之后，古希腊的斯多葛派也强调发现人与自然的和谐一致，认为人是有秩序的宇宙中的缩影，人与宇宙应处于宇宙平衡之中，并且认为这种平衡不会被任何外部力量所扰乱。

同时，在这一时期，苏格拉底的目的论和德谟克利特的原子论也对如何认识和谐问题给出了一些颇具启发性的观点。苏格拉底的目的论认为，万物的存在和发展都服从于一种完满性原则，整个世界的万物都具有这样的目的性。目的论的提出，在于对世界的统一性、事物由低级向高级的发展进程，以及自然中的谐调现象等做出哲学上的解释，但它只是指出事物发展具有这种趋势，并没有对事物如何表现出这一目的性进行规律上的研究。德谟克利特的原子论提出了原子和虚空的概念。他认为，原子是构成万物的不可再分的物质实体，虚空的规定同原子的规定是相对应的，原子是实体，虚空是无实体的空。他强调，虚空也是一种存在、实在，它的实在性并不比原子这样的实在形式少。虚空把无限多的绝对充实的原子分开，并为原子的活动提供空间场所，从而使原子的运动成为可能。他赋予虚空以经验的物理属性，把它看成另一种形式的存在，即存在的条件和中介，使虚空的存在同原子的运动联系起来，从而和原子一起共同成为世界的本原。这里对

---

① 冒从虎，王勤田，张庆荣．欧洲哲学通史：上卷[M].天津：南开大学出版社，1985：39.

虚空和原子关系的论述，即认为虚空是原子存在的条件和中介这一思想，正是协举方法论中"主—基关系"思想的一种最初描述。但这里，他只是从二者关系来论述，没有涉及第三方问题，也没有上升到"一主二基"的高度。

总之，古希腊时期的思想家已从本体论角度强调协调和谐是万物生成的内在机制。这其中蕴含着最初的人们对矛盾与和谐关系的认识，但只是一种极为模糊的认识。这种认识是以感性直观为基础的，因而是朴素的、自发的。正如恩格斯指出的："这种观点虽然正确把握了现象的总画面的一般性质，却不足以说明构成这幅总画面的各个细节。"①

（2）17—18 世纪莱布尼茨的"单子"和谐

唯理论代表人物莱布尼茨的单子论是关于和谐思想的重要理论参考，他提到的连续性原则和预定的和谐尤其值得注意。莱布尼茨认为，实体作为世界万物的本质，一方面必须是不可分的、单一的，必须具有统一性，另一方面必须在其自身之内就具有能动性，这样的实体就是"单子"。从最高级的单子到最低级的单子，其间存在着无限多的等级，这些等级之间没有分离的间隔，因而整体是连续的。"连续性原则"只能说明在静态条件下宇宙的连续性，而无法解释单子动态的变化和发展。那么，在动态情况下，宇宙这个单子的无限等级序列是如何协调一致呢？莱布尼茨认为，宇宙万物有一种"预定的和谐"。每个单子在各自独立地发展变化的同时，其余的单子各自做相应的变化发展，因而全

---

① 马克思恩格斯选集：第 3 卷[M].北京：人民出版社，1995：60.

部单子的变化发展就自然而然地和谐一致，始终保持着整体的连续性。关于一与多的关系，他认为，每个单子都是一与多的统一，它是单纯的一，但又可以反映多，整个宇宙也是一与多的统一，它是一个由无数个体组成的连续的整体。这里所反映的单子连续和预定和谐的思想，从和谐的角度对世界进行了本体论下的解释。同时，莱布尼茨对实体之间的一多关系做出了探索，在一与多之间建立起一致性关联，这毫无疑问是极具创新意味的。然而，他的这种和谐原则最终归因于上帝，认为单子是上帝的产物，单子之间只能以上帝为中介发生作用，这种解释在哲学上显然是不够彻底的。

（3）德国古典哲学中的和谐思想

康德曾探讨过物质如何能达到和谐有序的状态的问题。康德卓越地把宇宙生成发展与协调性联系起来，与目的性联系起来。众所周知，康德认为宇宙间有一个至高无上的智慧，它按照协调一致的目标来设计万物的本性，物质必然为一种支配它的原始原因置于这样协调的关系之中。康德这一思想是建立在唯心主义前提下的，但这一思想仍对后人有启发作用。

黑格尔从美学角度出发，提出了较系统的和谐协调理论。他把"平衡对称""符合规律""和谐"分为既相联系，但在深度上又有区别的三个不同层次。他认为，整齐一律、平衡对称都是事物的形式。它们"纯粹是外在的统一和秩序，所以它们主要属于数量大小的定性"。① 他说，整齐一律是外表的一致性，是同一

---

① ［德］黑格尔. 美学：第 1 卷［M］.朱光潜，译. 北京：人民文学出版社，1959：170.

形状一致的重复。由于形式不能停留在最外在的抽象性上，一致性与不一致性相结合，差异就闯进这种单纯的同一里来破坏它，于是就产生平衡对称。平衡对称需要有大小、地位、形状、颜色等"定性方面的差异"，这些差异要以一致的方式结合起来。黑格尔强调："只有这种把彼此不一致的定性结合为一致的形式，才能产生平衡对称。"① 他指出，比整齐一律的平衡更高的范畴是和谐，和谐是从质上现出的差异面的一种关系，而且是这些差异面的一种整体，它是在事物本质中找到它的根据的。但是，"同时这些质的差异面却不只是（表）现为差异及其对立和矛盾，而是表现为协调一致的统一，这统一固然把凡是属于它的因素都表现出来，却把它们表现为一种本身一致的整体。各因素之中的这种协调一致就是和谐"②。例如，黄和蓝两种颜色经过中和而成为具体的同一，这种颜色和谐之所以美，是由于它们的鲜明的差异和对立已经消除掉了，因而在蓝黄差异本身就现出它们的协调一致。它们相互依存，因为它们所合成的颜色不是片面的，而是一种本质上的整体。在声音方面，基音、第三音和第五音就是声音的这种本质上的差异面，它们结合成一个整体，就在差异面中显出协调。黑格尔的这些论述，呈现出其思想深邃和独到之处。他把和谐协调看作既包括整齐一律、平衡，但又高于平衡的范畴。他认为平衡对称纯粹是事物之间外在的统一，而和谐协调是事物

---

① ［德］黑格尔．美学：第 1 卷［M］．朱光潜，译．北京：人民文学出版社，1959：170，174.

② ［德］黑格尔．美学：第 1 卷［M］．朱光潜，译．北京：人民文学出版社，1959：176.

整体性中差异的统一。整齐一律、平衡对称"作为在空间和时间上的外在事物的抽象统一和定性，主要只对量（大小的定性）起调节的作用"①，而和谐调节"所牵涉到的不复是单纯的量的差异，而基本上是质的差异。这种质的差异不再保持彼此之间的单纯的对立，而是转化到协调一致，才有和谐"②。黑格尔把从平衡对称到和谐协调看成一个从差异性的外在关系向差异性的内在关系演变转化的过程，看成一个从量的关系向质的关系转化的过程。黑格尔对和谐问题的阐述是对和谐问题的质的分析，他使人们对和谐问题的研究深入更深层次，也对从本质上提出实现和谐的方法奠定了坚实的基础。

（4）19 世纪末实证主义的动态平衡思想

19 世纪英国哲学家斯宾塞在他的"综合哲学"中认为，平衡、和谐是与运动相联系的，平衡、和谐是运动、进化的必然特性。他说："和谐是一切运动的必然特性。任何有对立的力量共存的地方……根据力的恒久性，必然同时存在和谐。"③ 这里指出了和谐存在的普遍性，也为寻求具有方法论意义的实现和谐的方法，奠定了重要的理论基础。斯宾塞在不少场合揭示了平衡与运动的统一，特别是他提出了"动态平衡"这一思想，是很有价值的。动态平衡思想是对事物可持续实现和谐的描述，加深了人们对和谐实质的理解，但他没有对如何实现动态平衡给予具体详细

---

① ［德］黑格尔．美学：第 1 卷［M］.朱光潜，译．北京：人民文学出版社，1959：176.

② ［德］黑格尔．美学：第 1 卷［M］.朱光潜，译．北京：人民文学出版社，1959：310 −311.

③ SPENCER H. *First Principles*［M］.New York：Cambridge University press，1910：235.

的描述。

（5）马克思、恩格斯辩证法中的和谐思想

马克思、恩格斯在其论著中，也对和谐问题给予了关注，揭示了平衡协调的多方面的哲学含义。

他们指出："宇宙中的一切吸引运动和一切排斥运动，一定是互相平衡的。"① "对立就是通过这种方式互相均衡，互相中和。"② 与斯宾塞不同，马克思、恩格斯始终把平衡置于矛盾运动全过程中进行考察。他们指出：平衡是和运动分不开的特殊的运动，任何平衡都是相对的，只有对这种或那种确定的运动形式来说才是有意义的。

马克思、恩格斯也十分重视动态平衡，指出"在活的机体中我们看到一切最小的部分和较大的器官的继续不断的运动，这种运动在正常的生活时期是以整个机体的持续平衡为其结果，然而又经常处在运动之中，这是运动和平衡的活的统一"。③ 马克思、恩格斯不是把平衡与不平衡割裂开来，而是把两者看成相反相成、对立统一的双方。他们认为，平衡总是以有什么东西要平衡为前提，协调始终只是消除现存不协调的那个运动的结果。他们还指出："因为各式各样的不平衡具有互相对立的性质，并且因为这些不平衡会彼此接连不断地发生，所以它们会由它们的相反的方向，由它们互相之间的矛盾而互相平衡。"④ 由于平衡与不平衡总

---

① 恩格斯. 自然辩证法[M].北京：人民出版社，1984：155，224.
② 马克思恩格斯选集：第3卷[M].北京：人民出版社，1995：101.
③ 恩格斯. 自然辩证法[M].北京：人民出版社，1984：224.
④ 马克思恩格斯全集：第26卷（Ⅱ）[M].北京：人民出版社，1995：604.

是相反相成的，由于在平衡中始终存在着不平衡和矛盾斗争，因此，马克思、恩格斯认为，平衡并不是矛盾的取消，而是矛盾的发展和解决。在一定条件下，原有的平衡被不平衡、被矛盾斗争所打破，从而建立新的平衡。

这种平衡是和谐态的表现，对平衡与矛盾关系的论述，也就是对矛盾与和谐关系的论述。马克思和恩格斯阐明了矛盾与和谐之间的相互转化的条件和过程，深化了对和谐问题的研究。然而他们没有给出从矛盾到和谐的普遍模式。

关于中介，恩格斯说："一切差异都在中间阶段融合，一切对立都经过中间环节而互相过渡……辩证法不知道什么绝对分明的和固定不变的界限，不知道什么无条件的普遍有效的'非此即彼'，它使固定的形而上学的差异互相过渡，除了'非此即彼'，又在适当的地方承认'亦此亦彼'，并且使对立互为中介。"① 这里在研究矛盾时引入了中介概念，明确指出了中介在事物发展中的作用，对于研究如何从矛盾实现和谐提供了新的视角。当然，这里还没有把中介与和谐的实现直接联系起来。

二、协举方法论的科学基础

在中华传统文化和西方哲学中可以见到协举方法的雏形，在现代自然科学和社会学中也可以找到协举方法论的理论支撑。

---

① 马克思恩格斯选集：第 3 卷[M].北京：人民出版社，1995：535.

1. 古代科技的协举方法

从某种程度上来说，古代科学技术是人们和谐实践活动的智慧结晶。

例如欧几里得的几何学，不仅是对古埃及的土地测量技术及三角运演方法的综合，而且是对古希腊的思辨自然哲学、概念辩证法的实践运用。它说明人类为了实现自我与自然的和谐生存，必然要从和谐现象背后寻找到一般规律，使自己的创造活动更加有效。欧氏几何公理就是在人类的创造活动中对规律探索的思维成果，它的普遍有效性支撑了西方古典哲学对万物本原的研究。虽然非欧几何的出现否定了欧氏公理的绝对性，使人们对现象背后的唯一绝对本质发生了动摇，但非欧几何对欧氏公理实践域的拓展也同时说明，正是在协调并举的平台上，现象与本质达到辩证统一，从而实现事物自身的和谐发展。

托勒密的天文学综合了古埃及、古巴比伦和古希腊的天文观察资料及历法编制技巧，在公元 140 年的《天文学大成》中系统地、定量化地提出了地心说宇宙论模型。他巧妙地运用本轮—均轮体系，获得与当时观测一致的计算结果和宇宙论哲学假设。虽然到了中世纪，托勒密的地心体系被教会用来作为上帝创造世界的理论支柱，但本轮—均轮体系的思想内涵，正是人对自然天体和谐之协调并举现象的智慧性概括和总结。

在中国，《九章算术》集秦汉以前丈量、测度、运筹、方程等思想和算法之大成，包含着丰富的必然联系协调发展的协举方法内涵。从其基本概念的内涵看，九章即：方田——土地测量；衰分——各比例计算，如劳役、租税、产品如何按比例分配；少广——生活中方程算法；粟米——计算粟米饭的比例等；均输——如何公平征科；高体——体积算法；盈不足方程——生活中方程算法；还有勾股等。这些数理科学都有其自身特殊的具体内容，它们揭示了数与数之间的种种必然联系与有机协调，用数学的方式抽象勾勒出自然存在的内在和谐。

以农业为主的中国古代社会，对天文历法历来都特别重视。据《史记》记载："盖黄帝考定星历。"在《系本》中记载："黄帝使羲和占日，常仪占月，臾区占星气，伶纶造律吕，大桡作甲子，隶首作算数，容成综此六术而著《调历》也。"黄帝组织了占日、占月、占星气律吕、算数以及造历，古人综合这些观测天文的资料，运用算数的成果制定了《调历》。《汉书》记载：先秦有六历，"黄帝、颛顼、夏、殷、周及鲁历"。秦统一中国后，曾采用《颛顼历》。这些表明，在中国古代，古人就已经开始积极探究大自然的和谐策略。这些古代天文、历法、算数方面的科技成果，都是古代人文实践活动中，探究人与自然和谐共存、协同并举的科技珍品。

2. 相对论中的协举方法

创立相对论时，爱因斯坦有着非常鲜明的哲学原则，即相信世界存在内在和谐。他一直认为，科学并不是一些定律的汇集，也不是许多互不相关事实的目录，它是人类基于自由发明的观念和概念所做的创造，统一、联系、和谐、协调是自然界的普遍性质，科学研究要善于从各种对立的现象中把握它们之间的统一和内在联系，从不对称、不协调中去把握对称、协调。他说："从那些看来同直接可见的真理十分不同的各种复杂的现象中认识它们的统一性，那是一种壮丽的感觉。"① 爱因斯坦所追求的协调统一绝不是因循守旧，也不是把毫无关联的自然现象硬加拼凑，他是在辩证否定牛顿力学机械论的基础上，追求自然界固有的内在统一与协调。

相对论对哲学提出了一些新的课题。（1）相对论的创立启示人们，要善于从自然界种种不协调、不和谐的状态和关系中，去寻求和把握自然界的和谐、协调的关系。相对论还提供了一种科学的方法论：要善于从新旧理论的矛盾冲突中，发现它们协调、和谐的方面，从而在新的基础上把它们统一起来。（2）相对论告诉我们，物质、运动、时间、空间都不是孤立地存在着的，它们之间具有统一性，而物质、运动、时间、空间统一的根本原因，就在于它们之间具有内在和谐、内在协调的本质联系。这种本质联系不仅是定性的，而且是定量的、可用一定数学形式表述的。相对论的重要哲学贡献之一，就在于它揭示了协调是统一的本质。

相对论描述了宏观物体的物理规律，而量子力学则是研究微观粒子、群体运动规律及其性质的科学，量子物理学创始人玻尔为了解释量子现象的特征——波粒二象性而提出了互补原理。玻尔认为，由于微观客体和测量仪器之间存在着"原则上不可控制

---

① 爱因斯坦文集：第 3 卷[M].许良英，等译．北京：商务印书馆，1979：347-348.

的相互作用"，使粒子性与波动性不可能在同一实验中呈现，因而不可能同时准确地测定其坐标和动量、位置和速度。在这个意义上说它们是互斥的。但是，在描述量子现象时，这些互斥的概念又不可缺失，只有把它们"互补"起来，才能提供对微观客体完备的描述。换言之，要完整地再现微观实在性，必须首先考虑波粒二象性，必须使用两组相互排斥、相互不能归结而又相互渗透、相互补充的经典物理学概念。只有使用这些相互制约的概念，才能提供微观现象的完整信息。

玻尔本人曾把他的思想总结成一句拉丁文：Contraria non contrarictoria sed complementa sunt. 其大意是互斥并不是矛盾，而是互补。玻尔的互补性原理提出了世界本质上是互斥的，不同现象之间不可能用一种理论去描述和解释。然而这些互斥的现象共同存在才构成整个世界，人们如果企图排斥一方或企图把互斥的东西强行规定为一个东西、一个理论，那就会导致整个世界存在的破坏。但另一方面，玻尔又提出了互补性实际上是一种辩证的否定性和综合性，它把旧事物中那些与新事物不协调而互斥的内容加以剔除，与新事物相似和一致的东西加以吸取以进行"合理综合"。这一"合理综合"，是在新的层次上，按照新事物本身的特点进行协调。玻尔认为互补原理是一个普遍适用的哲学原理，他由此看到了民族文化的互补、知识的统一的希望，提出了"对谐调性的寻求"，即在不同层次、不同领域的学说中求得协调性的统一，即从异中求同，从不协调中求协调，从不平衡中求平衡。他认为，可以通过概念构架的适当扩充，来消除世界上种种"不和谐"的现象。

相对论和量子力学都是物理研究的基础理论，它们对协调的认同和寻求说明了协举方法的客观必要性，尤其是玻尔的互补原理对互补性的强调和研究，为协举方法提供了科学依据。

3. 自组织中的协举方法

自组织现象指把自然方方面面的要素协调并举之后，自然界自发呈现出宏观有序现象。自组织现象在自然界中大量存在，对此进行较多理论研究的典型实例有：贝纳德（Bénard）流体的对流花纹、贝洛索夫-扎鲍廷斯基（Belousov-Zhabotinsky）化学振荡花纹与化学波、激光器中的自激振荡等。自组织理论除耗散结构理论之外，还包括协同学、超循环理论等，它们力图沟通物理学与生物学甚至社会科学，在研究时间本质问题等方面实现突破性进展，这在相当程度上突显了生物及社会领域的有序、协同及超循环现象。这些有序、协同及超循环现象说明，正是经过自然协调，系统内部的各个要素共同作用、并列共举、和谐共融，才达到有序、线性、协同和超循环。①

（1）耗散结构理论阐释的系统协举

耗散结构是自组织现象中的重要部分，它是指开放系统在远离平衡条件下，在与外界进行物质和能量的交换过程中，通过能量耗散和内部非线性动力学机制的作用，经过突变的协同并举而形成持久稳定的宏观有序结构。②

---

① 汪汉昌. 自组织理论与唯物辩证法 [J]. 江汉论坛，2000（3）：64-66.
② ［比利时］普利高津，［法］伊·斯唐热. 从混沌到有序 [M].上海：上海译文出版社，1987：148.

耗散结构理论的创始人是伊里亚·普里高津（Ilya Prigogine）教授，在非平衡热力学，尤其是建立耗散结构理论方面的贡献，使他荣获了 1977 年诺贝尔化学奖。普里高津教授在研究了诸多远离平衡现象后，他认识到系统在远离平衡态时，其热力学性质可能与平衡态、近平衡态有重大原则差别。以普里高津为首的布鲁塞尔学派又经过多年的努力，终于建立起一种新的关于非平衡系统自组织的理论——耗散结构理论。这一理论于 1969 年由普里高津在一次关于"理论物理学和生物学"的国际会议上正式提出。耗散结构理论提出后，在自然科学和社会科学的很多领域如物理学、天文学、生物学、经济学、哲学等领域都产生了巨大影响。著名未来学家阿尔文·托夫勒在评价普里高津的思想时，认为它可能代表了一次科学革命。

关于耗散结构理论，可以这样简要理解：在一个开放系统中，远离平衡态的非线性涨落与突变，是系统实现有序的自协调、自协同、自组织、自并举的协举过程。当开放系统内可测的物理性质处于极不均匀的状态时，也就是远离了平衡态，当这种远离越过临界点时，子系统间的非线性相互作用机制对系统熵值涨落产生抑制作用，原来的热力学分支失去了稳定性，同时产生了新的稳定的耗散结构分支，在这一过程中系统从热力学混沌状态转变为有序的耗散结构状态，系统走向一个高熵产生的、宏观上有序的状态。

（2）协同学

协同学是研究协同系统从无序到有序的演化规律的新兴综合性学科。协同系统是指由许多子系统组成的、能以自组织方式形成宏观的空间、时间或功能有序结构的开放系统。

"协同学"一词来源于希腊文，意为共同工作，该学科于 20 世纪 70 年代初由联邦德国理论物理学家哈肯创立。1969 年哈肯首次提出"协同学"这一名称，并于 1971 年与格雷厄姆合作撰文介绍了协同学。1972 年在联邦德国埃尔姆召开第一届国际协同学会议。在 1973 年的国际会议上以论文集《协同学》出版，标志着协同学的诞生。1977 年以来，协同学进一步研究从有序到混沌的演化规律。1979 年前后联邦德国生物物理学家艾根将协同学的研究对象扩大到生物分子方面。①

协同学研究的主要内容就是用演化方程来研究协同系统的各种非平衡定态和不稳定性（又称非平衡相变），演化方程的主要形式有主方程、有效朗之万方程、福克-普朗克方程和广义京茨堡-朗道方程等。② 这一学说认为，在外参量的驱动下和在子系统之间的相互作用下，原本的不稳定系统以自组织的方式在宏观尺度上形成有序结构。例如，激光就存在着不稳定性，当泵浦参量小于第一阈值时，无激光发生；但当其超过第一阈值时，就出现稳定的连续激光；若再进一步增大泵浦参量使其超过第二阈值时，就呈现出规则的超短脉冲激光序列。流体绕圆柱体的流动是呈现不稳定性的另一个典型例子。当流速低于第一临界值时是一种均匀层流；但当流速高于第一临界值时，便出现静态花样，形成一对旋涡；若再进一步提高流速使其高于第二临界值时，就呈现出

① 王贵友. 从混沌到有序——协同学简介[M]. 西安：陕西人民出版社，1988：257.
② [德]哈肯. 协同学——自然成功的奥秘[M]. 戴鸣钟，译. 北京：社会科学出版社，1988：187.

动态花样，旋涡发生振荡。

协同学的应用十分广泛。在自然科学领域，它主要用于物理学、化学、生物学和生态学等方面，例如，在生态学方面求出了捕食者与被捕食者群体消长关系等；在社会科学方面，协同学主要用于社会学、经济学、心理学和行为科学等方面，例如，在社会学中得到社会舆论形成的随机模型。

协同学与耗散结构理论及一般系统论之间有许多相通之处，以至于它们彼此将对方当作自己的一部分。实际上，它们既有联系又有区别。[①] 一般系统论提出了有序性、目的性和系统稳定性的关系，但没有回答形成这种稳定性的具体机制。耗散结构理论则从另一个侧面解决了这个问题，指出非平衡态可成为有序之源。协同学虽然也来源于对非平衡态系统有序结构的研究，但它摆脱了经典热力学的限制，进一步明确了系统稳定性和目的性的具体机制。

自组织理论阐释了系统自发演化中的协举性：系统要达到协同发展，子系统就必须围绕协同系统的目的性和稳定性而作用，而子系统围绕总系统共同作用而达到稳定和谐，是协同系统协调各子系统并改变序参量使子系统并举才完成的。这种协举性适用于有生命世界和非生命世界，无论是自然系统还是社会系统，都在不断向有序方向发展、进化。

---

① 邬巩真．系统科学基础[M].西安：陕西科学技术出版社，1996：352.

4. 系统论中的协举方法

系统论思想源远流长，但作为一门科学的系统论，人们公认是加籍奥地利人、理论生物学家 L. V. 贝塔朗菲（L. Von. Bertalanffy）创立的。他于 1937 年提出了一般系统论原理，奠定了这门科学的理论基础，1968 年发表专著《一般系统理论——基础、法则和应用》，确立了系统论的科学学术地位。

按照贝塔朗菲的观点，所谓"系统"，可以定义为相互作用着的元素的复合体，或者"是处于一定相互联系中的与环境发生关系的各组成成分的总体"。系统是物质世界存在的基本方式和根本属性。世界上任何事物都可以看成一个系统，即自然界是成系统的，人类社会是成系统的，人的思维也是成系统的，系统是普遍存在的。

系统论的主要内容包括：（1）系统具有自组织、自协同、和谐自洽的协调并举性，整体性、关联性、等级结构性、动态平衡性、时序性等是所有系统的共同特征，同时也是系统方法的基本原则；（2）任何系统都不是各个部分的机械组合或简单相加，而是一个有机的整体，系统的整体功能是各要素在孤立状态下所没有的新质；（3）要素的存在是以维持系统的完整性为先导，以系统的协同为目标，以系统的要素并举为核心而存在的[1]，系统中各要素相互关联、不可分割地存在着，每个要素在系统中都处于

---

① 吴彤. 耗散结构理论的自组织方法论研究 [J]. 科学、技术与辩证法，1998（6）：23.

一定的位置上，起着特定的作用，如果将要素从系统整体中割离出来，它将失去要素的作用。正如人手与人体一样，一旦将手从人体上砍下来，那时手将不再是劳动的器官。

贝塔朗菲用 System Approach 来描述系统论，这个概念可直译为"系统方法"，也可译成"系统论"。它既可代表概念、观点、模型，又可表示数学方法，因此，系统论不仅是反映客观规律的科学理论，而且具有科学方法论的含义。

系统论的出现，使人类的思维方式发生了深刻变化。在系统论诞生之前，人们研究问题总是习惯于使用笛卡尔的分析方法，着眼于局部或要素，把事物分解成若干部分，抽象出最简单的因素，然后再以部分性质去说明复杂事物。这种思维方法不能如实地说明事物的整体性，不能反映事物之间的联系和相互作用，因此只适用于认识较为简单的事物，而无法胜任对复杂问题的研究。第二个人们最熟悉的思维方法是辩证法，对事物进行一分为二的矛盾分析。然而在现代科学整体化和高度综合化发展的趋势下，在面对许多规模巨大、关系交错、参数众多的复杂矛盾时，矛盾分析方法显然无法进行全面指导。正当传统分析方法力不从心的时候，系统分析方法却能站在时代前列，高屋建瓴、综观全局地为现代复杂问题的解决提供有效的思维方式。所以系统论为人类的思维开拓了新的路径，它反映了现代社会化大生产的特点，反映了现代社会生活的复杂性。系统观念正渗透到每个领域，不仅为现代科学的发展提供了理论和方法，也为解决现代社会中的政治、经济、军事、科学、文化等方面的各种复杂问题提供了方法论基础。

当前系统论发展的趋势和方向，是朝着统一各种各样的系统理论，建立统一的系统科学体系的目标前进。有的学者认为，随着系统运动而产生的各种各样的系统（理）论，这些系统（理）论的统一业已成为重大的科学问题和哲学问题。系统论是研究系统的一般规律、模式和结构的学问。它研究各种系统的共同特征，用数学方法定量地描述其功能，寻求并确立适用于一切系统的原理、原则和数学模型，是具有逻辑和数学性质的一门新兴科学。

今天我们从各种角度研究系统，对"系统"下的定义有几十种。如"系统是诸元素及其顺常行为的给定集合"，"系统是有组织的和被组织化的全体"，"系统是有联系的物质和过程的集合"，"系统是许多要素保持有机的秩序，向同一目的行动的东西"，等等。一般系统论则试图给出一个能描述各种系统共同特征的一般的系统定义，通常把系统定义为：由若干要素以一定结构形式联结构成的具有某种功能的有机整体。在这个定义中包括了系统、要素、结构、功能四个概念，表明了要素与要素、要素与系统、系统与环境三方面的关系。系统是多种多样的，可以根据不同的原则和情况来划分系统的类型。按人类干预的情况可划分为自然系统、人工系统；按学科领域就可分成自然系统、社会系统和思维系统；按范围划分则有宏观系统、微观系统；按与环境的关系划分有开放系统、封闭系统、孤立系统；按状态划分有平衡系统、非平衡系统、近平衡系统、远平衡系统；等等。

系统论的任务不仅在于认识系统的特点和规律，更重要的还在于利用这些特点和规律去控制、管理、改造或创造一个系统，使它的存在与发展合乎人的目的需要。也就是说，研究系统的目的在于调整系统结构，协调各要素关系使之达到在高一层次上的并举，使系统达到优化目标。①

三、协举方法的社会学基础

在社会学理论中也可以找到协举思想资源：社会有机体论研究了部分与整体的有机协调；协和社会论说明了社会的协作规范；社会均衡论突出了社会的内稳机制；社会系统论则弥补了其他理论对结构弹性及结构变迁的关涉不足的缺陷，突出在均衡与协作并举中的复杂系统的变迁与发展。

1. 社会有机体论的协举

社会有机体论是 19 世纪实证主义社会学的一种重要理论观点。代表人物是英国社会学家 H. 斯宾塞、俄国社会学家 P. von. 利林费尔德、德国社会学家 A. 舍弗勒等。②

斯宾塞从生物进化的基本原则出发，并在其他学科的基本理论基础上进一步充实、验证和肯定了这一基本原则，然后把它扩展到社会领域，建立了自己的社会学体系。他认为，社会同生物一样是一个由简单到复杂、不断进化的有机体，这两种有机体之间存在着许多相似之处：生物体与社会都在生长、发展着；两者规模的增长都意味着复杂性和各部分之间区别性的增长；整体内

①　苗东升. 系统科学原理[M].北京：中国人民大学出版社，1990：258.
②　朱力. 社会学原理[M].北京：社会科学文献出版社，1999：284.

的各部分相互依存，一部分的变化影响到其他部分；伴随着结构的分化，两者的功能也在分化；整体的每一个部分都可以自成一个小组织。

斯宾塞还将社会及其自组织协举比拟为人的生理运转。人体的生存由营养、循环和调节三个系统协同作用、并举发展，社会的生存也依赖于相应三个系统的协调并举：工业组织向社会提供必要的产品；商业组织像人体的血液循环一样，把营养输送到集体的各部位；以国家为首的社会政治组织，像人体的神经系统一样调节各部分，使之服从于整体。据此，斯宾塞又将社会中的人分为三类，即从事生产的工人、农民，从事流通的商人、企业家和银行家，以及政府的官员和管理人员，这三类人互相合作，各司其职，保持平衡。如果破坏了这种平衡，就是破坏了社会有机体，背离了和谐。P. von. 利林费尔德也有类似观点，他直接把细胞理论运用到社会研究上，认为社会的形成和发展与人体的细胞聚合之间存在着一致规律。

依据社会有机体理论的观点，社会的生长和发展是事物在自组织过程中协调并举的结果：随着复杂性的增加，各部分之间区别性的增长离开协举无法实现；各部分都在不断发生变化，而这种变化必须处于整体的约束下；结构分化引起功能分化，这种分化不能背离整体功能优化的趋势，否则会引起整体性质变化或分崩离析；在系统整体的协举之下，各个部分必须围绕整体而自行组织，否则将阻碍整体发展或脱离整体。

2. 协和社会论中的协举

协和社会论认为，社会的运作机制是为了共同利益而互相合作、协同行动、协调并举。该理论由美国人类学家 R. 本尼迪克特在 1941 年首次提出，美国人本主义心理学家 A. 马斯洛做了进一步阐述。他们把各种社会视为一个统一的整体，把社会成员之间"协和"的程度作为区别不同社会的尺度，他们提出了"高协和"社会和"低协和"社会的概念。所谓"高协和"社会，是指人们和睦相处，合作共事，财富的分配大体上是平均的。而在"低协和"社会里，人们动辄争斗，彼此仇恨，取得财富的手段是压倒别人，在财富的分配上往往是两极分化。

这充分说明，社会协和的程度高低取决于斗争因素与协调因素之间的比例，在"高协和"社会，协调因素大于斗争因素，社会的协举程度高；而在"低协和"社会，斗争因素大于协调因素，社会的协举程度低。协举程度高的社会，无疑是人类文明高度进化的成果，我们所期待的和谐社会，必然是建立在协举平台之上的，离开协举也就无法实现社会的和谐存在与和谐发展。

帕森斯（Parsons）在阐述其均衡论思想的时候，也表达了"协和社会论"思想。在他看来，社会就像是一个由不同零件组成的机器，各个部件发挥着各自不同的作用，使机器保持正常运行。社会也是一样，各部门、各组织在社会中都承担着一定的功能，只有它们协作、分工，社会才能正常地运转下去。由此可见，社会协和的前提在于，多个子系统的运作不是相互分离的，而是彼此协力的，是在各就各位的基础上实现系统间的交叉互补。

协和社会论虽然没有具体阐明协举的方法和路径，但是对社会协调运转的内在规律做出了揭示，对协和社会的基本状态做出了构想，为协举思想提供了理论基础。

3. 社会均衡论中的协举

关于"社会均衡"这一概念最系统的论述来自美国社会学家帕森斯，影响最大的学者是 V. 帕累托。均衡理论是借助系统论并运用结构功能学派的方法来研究的，它把社会看作一个如同生物体一样的整体，认为各子系统只有在结构和功能上相互均衡协调，才能保持社会正常运行。如果其中一个子系统失衡，这个子系统就会由于其他子系统的压力而发生变化，从而使得社会变迁从一种均衡状态向另一种均衡状态发展。

该理论认为，社会系统最一般和最基本的属性，是组成系统的各个要素之间的相互依赖关系。这种相互依赖关系由社会一般的规范和价值维持和调整，表现出社会系统各个组成部分的一致性和稳定性。社会是一个自我平衡的系统，在社会系统内部有一套维系、保持、调适和修复社会均衡状态的整合机制，一旦社会系统的某些部分遭到外部或外部力量的破坏而产生失调时，其他部分会自动予以调节并纠正失调，从而使社会系统重新回到均衡状态。因此，社会的相互作用体系一旦建立起来，本身就具有一种使原有状态保持不变的倾向，社会生活的现象和结构虽然处在运动之中，但整个社会体系始终在均衡中发展。

"社会均衡"从产生的那一天起就受到学术界的批评，比如皮蒂里姆·A. 索罗金（Pitirim A. Sorokin）在他所撰写的《社会动力学与文化动力学》中①就提出了尖锐批评，随后又有更多人质疑。对上述理论的批判，促进了理论的完善，激发了理论的提升。时隔不久，就有人把均衡分为稳定的均衡和不稳定的均衡，又把稳定的均衡分为动态均衡和静态均衡，从而增强了均衡论的说服力，为均衡论做了补充发展。② 它进一步说明：平衡是社会的常态，而变迁是暂时的，变迁最终是为了实现平衡，无论是"社会均衡"中稳定的均衡，还是不稳定的均衡，最终都是为了实现均衡。都是系统要素协调的结果。而这一过程正是社会系统为了系统的发展而协调系统内部各要素，并使它们并举的过程。

4. 社会系统论中的协举

社会系统论认为，世界上的各种事物都不是孤立的、偶然的堆积，而是有秩序的存在，是由彼此相关的各种构成要素组合出来的某种合乎规律的整体，这种整体称为"系统"，其间所表现出来的关系性质称为"系统性"。在社会系统论看来，人类社会是一个复杂的大系统，子系统相互交叉、彼此渗透，形成错综复杂的网络。

社会系统论主要包括三种理论模型。

---

① ［奥］皮蒂里姆·索罗金. 社会动力学与文化动力学［M］.北京：社会科学出版社，1941：660-693.
② ［英］大卫·伊斯顿. 社会研究中均衡模式的范围［J］. 行为科学，1956，4（1）：39-46.

第一种理论模型是理性系统论（Rational System）。它把一切社会现象视为物理现象的变相，认为可以用机械模型来认识社会。比如社会静力学与社会均衡论以能量的转换、力场的均衡、社会熵（Social Entropy）等概念来解释社会的结构与变迁并建立一种社会或道德空间的概念，认为任何社会原子（个人）或社会分子（团体）均占据一定的位置（地位），处于向心力（社会本能）与离心力（利己本能）的协举过程中。相对地，社会动力学则把历史和社会的变迁视为一种深受热力学法则制约的机械运动，时间在其中是运动的一种系数，可用各种曲线来加以表达。为适应数学方法的操作，理性系统模型刻意简化了社会系统的组成元素，其系统的组织方式或结构上的排列，是工具性的设计或理性考虑的结果，目的在于追求最大效率的发挥。因此，在不考虑系统外环境干扰的前提下，系统呈现标准化与规则化，衍生出稳定而可预期的系统协举活动，并具备某种目标的特定性（specificity）。

第二种理论模型是以帕森斯为代表的自然系统（Natural System）社会观。它与理性系统观相对，认为社会是有机体而非机械，视社会现象为复杂的生命现象之一，绝非简单的物理法则所能解释。其最根本的信念是：整体大于部分的总和，系统处于生成变化中（becoming），其发展呈现一种秩序性与整体的节奏规律；有机系统的特点在于其本身具有稳态（homeostasis）的装置，或称自我调节机制，能够维持系统的均衡与整合，特别是用来中和（neutralize）内部及外在的变动性，它强调的是系统结构的维系，而非结构的转换。在帕森斯看来，维持社会结构稳定的常常是制度，即整个社会结构化的价值取向，以及个人系统对于这种价值体系的内化。

第三种理论模型是以巴克利（Buckley）为代表的开放系统模型。巴克利把一般系统理论运用于社会现象，但相较于帕森斯的趋于静态的社会系统理论，巴克利的社会系统理论强调动态和变化，该理论认为：系统内部和外在存在交互开放；系统发展具不可逆性；系统与环境进行物质、能量、信息的互换。巴克利认为，开放系统具有自我组织性与自我适应性，也就是说，即使社会系统处于内外环境波动状态下，系统仍然能够顺应环境的变化而自动调整自身结构和功能，做出最有利于系统发展的决策。开放系统理论适用于高层次的复杂系统，更接近现实社会多样性、复杂性的真实状况。

理性系统论规划出社会的简单图像，以简单的机械法则来约束复杂的社会实在；自然系统社会观重视系统的自我调节机制；开放系统模型则已完全抛弃简单的因果决定论的立场，以广博多重的协举角度来捕捉社会现象。对社会系统论的三种理论模型进行综合，会发现该理论的演变是一个逐层上升、日益增加广泛性与抽象性的过程，系统模型的变化代表着系统性所呈现出的日益复杂化，也代表理论疑难的一再突破，越发贴近社会发展的经验事实。

四、对思想资源的哲学抽象

对于构建和谐而言，哲学方法论的任务十分明确：协调多样性与统一性。那么，多样性与统一性怎样才能"协调统一"呢？

怎样才能做到既保持生动活泼的多样性世界，同时又达到一定程度上的整体统一，保持良好的秩序和协调性？

对本章所涉及的思想资源进行哲学角度的抽象并求解，可得出结论：在对事物进行协举考察时，需要把握到多样性事物存在于统一系统中，而系统往往代表着更高层次、更广范围的存在，站在系统角度来"俯视"矛盾，就能找到矛盾的出路和转化方式；从系统角度看，统一物具有自协调机制，这是达成和谐的客观基础。

第一，统一物自身构建的和谐统一，是基于矛盾双方的并存。在统一物中，多样性的矛盾性运动促进了并存性发展，并存性发展促进了统一物的发展。矛盾是和谐的起点，并存是构建和谐统一的基石，并存引发协调，协调引发和谐。面对各种矛盾和问题，统一物的任务是协调好各层次矛盾、各阶段矛盾、各性质矛盾、各"身份"矛盾、各作用矛盾的利益关系，竭力避免个别的局部矛盾冲突转化为整体的系统冲突。这一现象便是自协调现象，多样矛盾的并存引发（或迫使）统一物来协调，协调引发新的和谐。

第二，统一物的自协调并不消灭矛盾。在统一物的自协调所引发的和谐中，不是全然的一团和气，也并非不再有矛盾发生。相反，统一物的自协调引发的和谐正是矛盾的相互转化和新矛盾的产生。如果认为和谐就是回避矛盾、否认矛盾、消灭矛盾，那就不符合辩证法。

在系统的自产生、自组织、自协调功能作用下，统一物的和谐调节引发的结果有以下几种：第一，动态冲突转化为静态冲突，连续剧烈的冲突被协调成为冷淡的冲突，矛盾双方经上一级干预孕育出各自不彻底的忍让与不完全的妥协，这是动态冲突转化为静态冲突的一般性原因；第二，矛盾斗争转化为双赢竞争，各自破缺而不可分割的孪生式的矛盾体的斗争，经上一级干预或境遇变化，被迫促成良性发展态势；第三，绝对对立转化为相对对立，必然性的敌对转变成可化解的对立，这里的绝对对立是指进程中的、阶段上的必然性对立，不是一贯性的、不可化解的永恒性对立；第四，局部征战转化为整体和解，局部的要素间的"军事性"冲突经全局的高级层面系统调节达成和解；第五，整体交恶转化为个体代办，整体的生死存亡性冲突由某一个体的牺牲性行为所扭转；第六，系统湮灭转化为要素传承，整个系统的崩溃性消失与湮灭被某个要素全息性传承下来，为"系统性再生"留下必要条件；第七，长期对峙转化为暂时斗争，中远程的对峙性、骑虎难下的矛盾状态被一时性的剧烈冲突而根本性了结；第八，同归于尽转化为确保一方，实力相当、势力均衡的对立双方长期对立下去，最后被一方的全然得胜所取代；第九，从濒临沉沦转化为新生事物，发展到顶级阶段的系统向高一级原始状态转化，派生出新的整体。

可见，对于现实的和谐需求来说，通过自协调实现的和谐极有可能需要相当大代价，仅仅依靠事物的自协调是不够的。人作为实践的主体，应当充分发挥主观能动性去面对矛盾，对无序而互动着的矛盾群进行协调、优化、提升至和谐有序状态，以最有利于可持续发展。这些意义用一个范畴做高度概括就是——协举。

第三章 协举方法论的基本内容

何为协举？"协举"一词的简要内涵，是"多方面协同并举"。协举方法论是从总体上对协举方法进行研究的基本理论，是关于在整个社会活动中实现和谐的各种方法的总称。

实现和谐有很多种方式，大致分三类：一是为避开失和打击，走向被动求和；二是为停止矛盾消耗，走向主动促和；三是为保证事物持续，走向策动创和。无论是哪一种方式，实现可持续和谐的诀窍都在于协举。

实际生活中的很多问题，比如如何实现多方共赢、如何解决中立方问题等，都需要利用协举方法来分析和解决。事实上，在西方国家，人们已经很早就意识到这些问题。在解决这些问题的过程中，西方社会的结构已经完成了从一种被动"整合"的状态发展到一种追求"协同"状态的社会结构，即"从一个主要靠应对整合起来的社会结构，过渡到一个更大程度上以协同为条件的社会结构"①。如今，我国社会主要矛盾已经转化为人民日益增长的美好生活需要和不平衡不充分的发展之间的矛盾，不仅对物质文化生活提出了更高要求，而且在民主、法治、公平、正义、安全、环境等方面的要求日益增长，为了实现不断创造美好生活的目标，探究协调各种社会矛盾，解决各种社会冲突，确保社会和谐稳定，建构协举方法论，就成为摆在面前尤其是人文社科学者面前的紧迫任务。

协举方法论并不是对唯物辩证法的矛盾统一的否定，而是对它的有益的补充和拓展。在人类活动日益复杂、社会分工越来越细、社会矛盾日趋尖锐的今天，我们一方面仍然需要用唯物辩证法来分析和解决问题；另一方面，我们需要研究新情况、新规律、新思路，发展和运用新的方法来分析和解决问题。由此构成了协举方法论产生的现实基础。

一、协举方法论的协举概念

协举方法论以事物的多样性和统一性为基础。一方面，世界是多样化的存在，另一方面，各种事物彼此联系，构成一个相互关联的整体，相互联系、互相作用、互相影响，多样是统一中的多样，统一是多样中的统一。

协举方法论坚持世界的普遍联系和共同发展，在坚持和维护人类活动的多样性的前提下，强调人们的各种活动、各种利益以

---

① ［英］米尔斯．社会学的想象力［M］.陈强，张永强，译．北京：生活·读书·新知三联书店，2001：50.

及其与自然的关系等各方面的协调并举，以一种目的性的和谐为统一的基础，代替一种自然态无意识的、局限于一定范围的联系。

1. 协举方法的协举概念

正如前文所述，简言之，协举就是多方面协同并举。

协，指调和、和谐、共同和协助。举，指往上托、向上伸和兴起。在协举方法论里，协举是指多方面协调并举、和谐发展之意。其中的多方面协调并举是指：把分散的作用集中在相互共同作用中，使总效果优于单独效果之和；把各方面的积极因素统合一处，资源共享、相辅相成，以实现互动式的立体提升；使各方面协同运作，在系统中充分发挥优势互补、强强联合的"规模效应"。

协举的具体表现就是实现交叉跃迁。交叉在这里意味着需要协调、协作；跃迁是指以并举、互举的形式向上发展。并举指两方同时向上发展；互举指两方或多方相互促进他方向上发展。任何协调、协作都是通过交叉才发挥其和谐统一的功能，产生趋同、合作的效果。任何并举、互举都是多方在整体提升中同时完成自身的提升。这里有一点值得注意，即协举是在多方的共同发展中实现某一方的发展，即并举、互举；在某一方与其他方的相互联系和变化中解决自身发展问题，即以交叉的形式。在实践领域，研究协调实际上是运用交叉，把具体的不同层次和阶段的矛盾都考虑进去，实现相互渗透、相互融通，最后通过权衡利弊，寻求调解冲突的方法。在确立具体措施的时候，虽然是以可持续发展为指导原则，但事实上是在寻求一种质的跃迁。因为在螺旋上升的规定下，只有跃迁才能跨越性发展，而跨越性发展才是实质性的真正的发展。下面我们通过区分几组概念来进一步了解协举概念。

（1）协举与协调。协调是对冲突、对峙、斗争、排斥、无序、失衡等状况进行调解、调节，以期达到一种稳定状态；但对于同一、合作、吸引、有序、稳定、平衡等状况，则不需协调。协举则是在协调的基础上，追求比稳定高一级的和谐状态，以促进稳定状态的可持续发展。其宗旨在于，不仅包括对冲突、对峙、斗争、排斥、无序、失衡等状况进行调节和调解，而且对于同一、合作、吸引、有序、稳定、平衡等状况，也进一步予以改善，其目的是促使稳定发展，协举更强调优势互补、强强联合等广泛的可持续发展因素的相互作用。

为了协举，有时会采用打破平衡的方式，让系统暂时混乱，打破原有秩序，然而这种失衡是可控的，目的是实现更高层次的平衡。例如，在羊群中放入一只狼，羊群的活力会在天敌的刺激下大大增加。

（2）协举与和谐。和谐是一种矛盾各方相安共存的状态，但静态的和谐不是真正意义上的和谐，真正的和谐不仅意味着和平共处，而且具有系统调节功能，能够随时解决新出现的矛盾和冲突，此之谓动态和谐。在这个意义上，和谐是一种暂时的目标，协举则指向可持续的和谐；和谐是协举作用的结果，协举则是可持续实现和谐的内在要求。用逻辑学语言表述，协举是和谐的必要条件，和谐是协举的充分条件——不通过协举就达不到和谐，和谐局面的背后多数有协举的支撑。

比如，对于团队和谐而言，没有争执足矣。然而从协举角度看，是否争执不是重点，重点是有没有创新，如果碰撞是为了创新，那么在创新完成之后，没有解不开的死扣碰撞，如果没有创新成果，再和谐也是无用和谐。

（3）协举与矛盾。协举和矛盾都是在强调差别的意义上分析事物和提供解决问题的思路，但矛盾强调因差别而对立统一，协举则强调据差别而协调发展。在矛盾中，对立双方基本上以对立、冲突和斗争为主导方式，统一只是消极意义上的；而在协举中，各方是以互相促进、优势互补为主，更强调中介作为统一的载体。中介把矛盾双方从消极意义上提取出来，突出二者的共同性，其主要作用是协调实现共存，最终不是一方消灭另一方，或者同归于尽，而是可以"一方主导另一方""一方兼并另一方""一方限制另一方"，也可以"双方同舟共济""双方优势互补""双方融成新物"。

例如，男人与女人作为一对常见矛盾，原本存在着截然对立的思维、习性等，然而当男女结合成为父母后，孩子成为父母的中介，父母之间的冲突更容易消解，矛盾更容易转化，这就是人们常说的"孩子是家庭的纽带"。

2. 协举方法的基本内涵

具体说来，协举包括以下几个层面上的协调并举。

（1）多系统交叉。多系统交叉是指派生源向新的发展方向发展时表现的协力互补、多样并举现象。如果不是多系统协力，作用力就无法作用于一点。"社会系统内各子系统之间互相协调或相互匹配是社会发展的基础和动力机制。"① 用在矛盾系统上，协举的多系统交叉指使多种矛盾系统协调互补，合力集中一点，实现多样并举。

多系统交叉包括以下几种形式：巨系统的某一部分向另一巨系统的某一领域渗透；一系统的某一特性向另一系统的某一特性融通；一系统的某一优势向另一系统的某一劣势填补；系统的某一本质向另一系统的某一本质开放；系统的某一中心向另一系统的某一中心靠拢。

交叉的结果形成"你中有我""我中有你""双方共赢"的和谐局面。

协举中的交叉区别于同一，同一是相辅相成，交叉是相互渗透。不存在统一性的对立性存在不会发生交叉，但只要有对立性与统一性的动态共存，就一定有交叉，这是因为，动态的对立性自身的发展受统一性的制约，在统一性的制约下，任何对立面都要与对方发生联系，对立的双方如果不联系就无法表达统一性，这即是说，发展着的矛盾都会有交叉发生。

多系统交叉最常见的是例子是学科交叉。近年来，随着现代实践方式的发展，不同学科之间的碰撞、融合越发增多，很多问题已经不能用单一学科进行解决，需要借助于其他学科的知识或研究方式才能解决，致力于解决"问题"这一目的打破了学科界

---

① 钱兆华. 社会系统协调论［J］. 系统辩证学报，1999（2）：16-19，34.

限，由此形成了新的研究方向，如生物信息学、人文地理学、景观生态学、分子生物学等，这些交叉学科综合了两个甚至多个学科的独特优势，更全息、立体地开拓了人们的思维。

（2）多整体跃迁。跃迁是指飞跃式、突破性提升。多整体跃迁有以下三种含义：一是整体的质变性发展；二是对立的双方通过交叉实现统一性；三是统一的对立面通过整合到达新的发展态。用在整体矛盾上，协举的多整体跃迁是指让多个矛盾的整体协同运作，实现多元并举。美国当代系统论者 E. 拉兹洛等人就指出，整体性是现代系统论的重要原则，复杂现象大于因果链的孤立属性的简单总和。对这些现象进行理解时，不仅要把握各成分的作用相加，也要估计到它们之间的联系本身发生的作用。有联系的事物的总和，可以看成具有特殊的整体水平的功能和属性的系统。这种整体观是卓有成效的，越来越多的研究者开始把整体性原则应用于方法论。①

我国改革的过程就是多整体跃迁的过程，改革不仅仅是针对经济体制的，更是囊括了资源配置方式、法律制度、社会意识、价值观念、决策模式等多方面的转换，牵涉到多种制度变化，最终的结果是实现社会整体向更高层次跃迁。在此过程中，可谓牵一发而动全身，任何一方面的拒不升级，都会影响到系统整体的进步水平。

（3）多方面协调。多方面协调包括：主要矛盾与次要矛盾的协调，斗争性与同一性的协调，对立面之间的协调，系统自身的

---

① ［俄］拉契科夫. 科学学——问题·结构·基本原理[M].韩秉成，等译，北京：科学出版社，1984：495.

协调，多样性与统一性的协调，多元化与中心体的协调。用在狭义矛盾上，协举的多方面协调指把多种矛盾性质协和统筹，实现多极并举。人们常说的"团队协作""集中力量办大事"，就是指的多方面协调，这一并举方式不仅适用于国家、团队，而且适用于家庭、个人。

（4）多层次贯穿。贯穿是指各层次自身的统一性，经过斗争、同一，曲折前进、螺旋上升之后，达到的连续相互承接的效果。损失统一性和丢失多样性都不是贯穿。在协举方法论里，多层次贯穿包括以下内容：联系性贯穿于整个发展过程之中；发展性贯穿于整个变化之中；变化性贯穿于整个系统里；辩证性贯穿于整个物质世界；矛盾性贯穿于宇宙中的整个存在。在作用定位上，协举的多层次贯穿是指把多层次、多梯阶、多方向、多目标的矛盾协作共进，实现多策并举。

例如，从绝大多数人的成长过程来看，随着阅历的增加，心智、思维不断由低层次向高层次更新，然而心智成熟、思维周全的人绝不会把自己的历史、现实、未来割裂开来，否定、排斥自己的失败、打击、苦难经历，因为它们带来了自己的多种体验、多层穿越、多重更新，这个过程中只要秉持始终如一的意志方向，就能践行人生不断由片面走向全面的目标。

（5）多角度拓展。协举方法论里的多角度拓展可以从以下几个方面来理解：从上向下看，考察要素在纵向上的联系；从左向右看，考察要素在横向上的联系；从前向后看，考察要素在一定时期内的先后关联；从心向边看，考察要素核心与边缘的关系；从动向静看，考察要素的两种状态的关系；从直线运动向立体滚动看，考察要素作为方向上和整体上的进展。多角度拓展就是从所有这些角度或方面考察协举的功效是否发挥到最佳程度，以及如何能够发挥到最佳程度。其核心要旨就是协调守恒，而实现守恒就必须多重互举。

协举概念的五层含义是针对不同层次的。对"协举"范畴应着重从"有机的动态统一系统"去理解，它强调的是随需应变的整体性与全面性的统一，发展性与持续性的统一。

首先，协举在矛盾中扮演将矛盾双方"捆"在一起的平台角色。其作用是：①提供矛盾双方的共存领域，如果没有协举作用，对立斗争着的矛盾双方就可能由于相互制约、相互消耗，导致一方消灭另一方的结果；②促进矛盾双方的对发交叉，起启动作用，在统一约束下的矛盾任何一方的发展只能朝向协举方向，正是在协举的引领下，矛盾才能体现出向对立面发展的性质；③助导矛盾双方的能级跃迁，起翘板作用，如果没有协举的调控，矛盾双方就可能不相互补缺、不相互作用。在协举的作用下，矛盾双方相互自发交叉，相互补充而反向助推对方（为自己的同时也帮助对方），合力跃迁。

其次，在和谐中，协举是"中介"身份。在"宇宙处处皆矛盾"的背景下，和谐态只能是一种"良性竞争态"，相异、排斥、冲突、斗争、扬弃、淘汰等状态都具有可控性。协举方法论认为，正是协举这个中介在相异与相同之间、排斥与吸引之间、冲突与合作之间、扬弃与传承之间建立桥梁，进行调节，确保对立、冲突、相异的各方因素能够和平共处，谋求在一种稳定状态中持续发展。

3. 协举概念的层次特点

协举概念在哲学上可抽象为三层：结构层、功能层、作用层。其内涵特点分别为："三同、三共、四互"。三同，是对协举的结构的抽象总括；三共，是对协举的功能的抽象总括；四互，是对协举的作用的抽象总括。

（1）协举的结构特点：同在、同长、同成。

"同在"：你死我亡式的同时存在。

"同长"：你前我进式的同步生长。

"同成"：你赢我成式的同工演成。

同在包括同基同拥、同分同并和同时同空（间）。

同长包括同灭同兴、同减同增和同映同境（遇）。

同成包括同变同工、同果同型和同旺同种（子）。

（2）协举的功能特点：共生、共盛、共永。

"共生"：你扩我拓式的共筑派生。

"共盛"：你增我添式的共兴茂盛。

"共永"：你延我衍式的共享永续。

（3）协举的作用特点：互主、互基、互介、互动。

"互主"：此主彼仆式的轮换做主。

"互基"：亦母亦子式的替补作基。

"互介"：亦婆亦媳式的都当中介。

"互动"：水涨船高式的牵引制动。

将协举的结构特点、功能特点、作用特点综合起来，协举就是："同在共生、同长共盛、同成共永、互介互动、互主互基"。

"同在共生"：只有同时存在，才能共筑派生。例如：矛盾体，无矛则无所谓盾，孤盾不生，纯矛不育，等等。

"同长共盛"：只有同步生长，才能共兴茂盛。例如：对立面，水涨船高，土沃谷丰，等等。

"同成共永"：只有同工演成，才能共享续永。例如：系统性，分久必合，合久必分，等等。

"互介互动"：互相充当中介，互相牵制拉动。例如：能量、信息、意识，彼此传递，牵引联动，等等。

"互主互基"：互相轮换做主，互相轮换作基。例如：肉体运动、情体镇定、慧体印证，该谁做主谁做主，等等。

为便于理解，此处对"互介""互动""互主""互基"进行进一步阐述。

互介是指，协举关系中的各方都具有介体身份，矛盾本身是一个介体系统。宇宙中没有不被作为介体、不能作为介体、不用作介体的存在。凡是存在，哪怕在时间上只是一瞬间的存在，哪怕是在空间上只占有一虚位的存在，皆是作为某一状态式关系的介体而存在。

互动是指，协举关系中的各方虽然所处的地位不同、作用不同，但它们是密切联系在一起的，均是不可或缺的，一方的变化必然通过一系列的传递和反应引起各方的变化，它们彼此牵制、互相影响、互相配合、互相辅助，由此才实现了系统功能大于部分功能之和。

互主是指，协举关系中的各方在发展的不同阶段、不同条件及不同的发展要求下，轮替作为主导方带领各方发展。当发展阶段、发展条件、发展要求发生变化时，原来的主导方可能就变为了辅助方，而原来的某一辅助方可能就成了主导方，即在此时作主的彼时也可以作辅，在此处作主的彼处也可以作辅，这种主与辅的关系在保证系统可持续发展的前提下是可以轮替的。

互基是指，协举关系中的各方在发展的不同阶段、不同条件及不同的发展要求下，轮替作为发展的基础以成就主导方的引领性发展。这种轮替作为基础不是以牺牲为代价。协举以和谐多赢为目标，不以一方的发展而牺牲他方。这里的基础有两层含义：其一指基础方是主导方的运生者，基础方为主导方的发展创造条件，而自己暂时处于积聚实力或监督的地位；其二指基础方是主导方的传承者，基础方的精髓来自主导方的传递与培护，理所当然地要承担起促使主导方引领发展的义务。主导方与基础方的关系，类似于中国哲学中所体现的一种相生相成的亦母亦子式的关系，当然，这种关系是可以轮替的。

二、协举方法的内容和结构

矛盾的不和谐是设立协举方法命题的起因。千百年来，中国人始终在追求政治和谐、社会和谐，并在实践中把协举思维运用到对具体问题的分析和解决上。一定意义上说，协举也是对社会各系统的一定程度的约束和控制，"只有对系统中的各部分的自由性行为有合理的约束，使系统进入有序状态，系统才能协调配合，才能有步骤地去实现自己的目标"①，"一个系统的约束度越高，其有序度，内部联系程度或组织水平也就越高"②。

协举方法的目的是使系统下的各部分相互交叉达到链性自洽，进而实现跃迁最终达到和谐。自洽，是指系统内部各要素之间相互融通，能量的分配布局恰当，统筹兼顾而井然有序。协举方法的提出，是化冲突为和谐的哲学选择。总而言之，协举方法就是以系统观为框架，链性为平台，自洽为目标，交叉为手段，拓展为契机，寻求和谐的方法。从总体上对协举方法进行研究，就构成协举方法论的基本内容。

1. 协举方法的基石内容

协举方法的核心，就是要求把握一个能连接贯通不同层次、不同方面、不同时期、不同表现方式（潜在的和显化的）的矛盾的系统协举。通过系统协举，处于多样的复杂的矛盾之中的各方能够协调起来，最终实现协举方法的目标——和谐。

（1）协举方法的内涵

协举方法的概念，可从如下两点来界定：其一是从矛盾群的互动中把握并举点；其二是从多样性的并协中把握互补点。

协举方法不仅可以应用在两者之间，也可以应用在多者之间。从拓展辩证方法的角度，应用于两者关系时，协举方法可以定义为：在对立面的互补中把握并举点。在当今世界以和谐共赢为趋

---

① 李建华，傅立．现代系统科学与管理[M]．北京：科学技术文献出版社，1996：20.
② 李建华，傅立．现代系统科学与管理[M]．北京：科学技术文献出版社，1996：20.

势的大背景下（当今的疫情、局部的斗争皆属和谐共赢大趋势中的小插曲），我们对事物的认识，不仅要在对立面的统一中把握对立面，更要在对立面的互补中把握并举点。第一个定义，主要针对面对多个矛盾构成的矛盾群时如何实现协举；第二个定义则主要针对复杂的矛盾系统如何实现矛盾态与非矛盾态的协举，也是我们在现实生活中更多面对的情况。

从矛盾群的互动中把握并举点，是指对系统内不同整体、不同层次的同步性、互动性、交叉性的把握，不偏废任何一方面。需要注意，在静态看来，矛盾双方的并举是违背重点论的，而且通常所理解的重点是绝对的，即在统一性与多样性的矛盾中，统一性是重点。然而，从系统角度来看，重点是相对的：基层有基层的重点，中层有中层的重点，顶层有顶层的重点，这些不同层次的重点是相对的重点。因此，在动态思维里，并举并非同一层次的差层间的并举，并非一个整体等着另一个整体发展圆满之后才发展自身，而是同步、互动、交叉地并举着发展的。不并举的现象只是在新旧之间发生，比如新事物只有等到旧事物的发展进程完成才能充分发展自身。

上述两个定义具体说来，可以展开为如下几个方面的内涵：

第一，对矛盾自身来说，从矛盾双方的共存中理解统一体。传统辩证法认为，在矛盾中，无矛就没有盾，矛盾双方的相互依赖、共同存在决定其统一性。而协举方法论认为，在能够持续发展的统一体中，矛盾双方不是相互依赖的关系，而是以彼此的差异、共同利益为前提，形成一个需要双方合作互补而不是对立、消耗的统一体。以义、利这一对矛盾为例，中国古代的道德尺度常训诫要"舍利取义",事实上,人们为了获利,常常主动或被动弃义。然而,随着当代社会信用体系的逐步完善,状况发生了改变:要想持续获利,必须拥有良好的信誉,守住道义;同时,真正的义不是让自己或朋友甘于困窘,而是与朋友一起创造更多利益,这也才能让义可持续。只有懂协举,把义利看作统一体,才更明白如何义利兼得。

第二,对矛盾守恒来说,从矛盾双方的发展中寻求交叉点。"事物向对立面发展"的客观实际说明,矛盾双方是一定有交叉的,协举把握的就是这个交叉点。古语常说"盛极必衰""否极泰来"等,指的就是矛盾会向对立面发展,如何避免从正到负的结局?就是主动把握矛盾双方的交叉,在顺境中主动寻求、迎接逆境和风险,实现祸福交叉,踩着逆境开辟下一轮的发展。君不见,哪一家百年企业能不转型而实现持续?

第三,对系统矛盾来说,从矛盾群的互补中寻求生长点。在协举方法论里,矛盾是群居性、复杂的多层次的矛盾,不是单一的矛盾。在推动系统的发展中,主要矛盾的各方与次要矛盾的各方往往具有互补性,优势的互补是系统新的最佳生长点。例如,事业和家庭分属两个矛盾群,二者如果不实现协举,两者都无法良好运行。睿智的人会把来自家庭的压力化为事业奋进的动力,而后借助事业的新收获实现家庭关系的新和谐。

第四,对统一关系来说,从非矛盾的和谐中把握矛盾点。在辩证法里,统一的概念是既具体又宏观的,宏观统一就应该包括矛盾与非矛盾的统一;在实际理解中,非矛盾可以是暂时不起作用的、暂时不冲突的、尚未进入斗争阶段的矛盾。和谐实际上就包括这样的、这一类的相对和谐。在通常的理解中，非矛盾关系的变化，要么对立成为反对关系，要么同一成为相通关系。而协举概念中的非矛盾，既包括"亦此亦彼"的矛盾性关系，也包括"非此即彼"的因果性关系，还包括"居此孕彼"的相生关系。非矛盾思维的简单总结就是：你赢我也赢方能赢长远，我赢你不赢必生新祸患。例如今天没有发作的怨气、敌意，如果不加以及时疏导，就会孕生新的冲突种子，在未来爆发。

第五，对矛盾关系来说，从矛盾双方的媒介中把握共同点。在系统事物的发展中，联系是广泛的，是通过中介过渡的，通过共同点就可以同时把握矛盾的此一方和彼一方。并通过把握矛盾双方的中介来把握共同点。商业行为中常见的中介，起的就是连接彼此的作用。合格的中介会在二者利益中进行协调，在强调二者目标一致的前提下，兼顾双方的利益核心，纾解许多不必要的冲突。

第六，对持续发展来说，从已矛盾的走势中把握未矛盾。事物发展的方向既具有确定性，又具有非确定性；矛盾的走势通常是在确定性的部分里表现征兆，根据已然矛盾的发展方向、征兆测定未然矛盾是可行的。例如当下出现的网红经济、共享经济、物联网经济等，必将在未来一定时间内成为新的经济增长模式，至于能够发展多久、发展到何种程度，取决于它们与生态资源、创意资源、技术资源、制度支持资源之间的关系是否协调。

第七，对认知深化来说，从基本点的共同利益中把握中心点。事物的系统性决定了它的中心性与边缘性的差别，系统或一基础一中心，或二基础一中心，或三基础一中心，或 n 基础一中心，但这些不同的存在形式都有一个相同的本质：基点为中心服务。例如人体九大系统的共同利益所在是可持续平衡运转，它们的中心点就是生命延续。当某一系统失衡出现疾病时，最科学的方式并非"头痛医头脚痛医脚"式的治疗，而是考虑到生命体的有机关联，选择最适合生命延续的方式。

第八，对把握未来来说，从历史的现实中探究趋势。历史决定现实，现实决定趋势，事件从发生到现今的历史决定了事件的现在状态，而事件现在发生的变化决定未来的发展趋势。

第九，对思维框架来说，从矛盾的归宿中估控扬弃物。符合系统论思想的思维框架应该包含前瞻性、预见性，而前瞻性、预见性都包含对事物的终极归宿的预测、预估、预料等，根据预测、预估、预料、预见来控制现实，这称为"估控"，即预估性早先控制。对事物的归宿进行预测，事实上没有那么玄乎，只要一个事物不逆时代发展而行，完全有可能在现实设定其归宿，而后做相应的现实准备，对事物的当下组成要素做出扬弃传调整，预先发扬当下需充分发展的内容，淘汰未来不需要的内容，传承从始至终贯穿的内容。这就是把设想变成构想的过程。

协举方法具有如下特征：

①多系统交叉。交叉，是将对立的各方在统一性的引领下竞相渗透而优势互补，实现双赢、多赢、共赢、远赢的和谐跃迁。交叉具备四个基本特征：开放性、灵活性、整体性和可测性。交叉的关键点是必须向对立而交叉的双方强调统一性，在统一性的规范下协力互补、多样并举。因为离开统一性的交叉是无序的苟合，无法贯彻可持续。

②多整体跃迁。跃迁是指：整体飞跃、突破拔高、整体的质变性发展、交叉融合、对立面整合、多元并举。这种整体上的跃迁由于是一种质的跃迁，也可以称之为元系统跃迁（图琴在1977年发表的《科学的现象》一书中首次提出①）。

③多方面协调。多方面协调是协和统筹、多极并举。具体指：对立与对立的协调；对立与统一的协调；对立与中立的协调；中立与互补的协调；对立面与中介体的协调；系统与整体及个体的协调；静态与动态的协调；扬弃发展与可持续的协调；物质、精神及信息的协调。

④多层次贯穿。协举方法的贯穿是指把统一性原理贯穿到多样性并举之全程，旨在预防在分析多元的同时丢掉一元性。贯穿是多样性自身的统一性经过斗争与同一、曲折前进、螺旋上升之后的连续性相承。具体包括：从一元性到多元的贯穿；从统一到对立的贯穿；从矛盾到和谐的贯穿；从扬弃到传承的贯穿；从个体到整体的贯穿；从整体到系统的贯穿；从封闭到开放的贯穿；从平面到立体的贯穿；从显化到潜在的贯穿；等等。

⑤多角度拓展。多角度拓展是指让多种高效策略协调守恒、多重并举。协力互补、多样并举是拓展；协同运作、多元并举是拓展；协和统筹、多极并举也是拓展；协作共进、多策并举还是拓展；协调守恒、多重并举更是拓展。这些不仅是协举方法的重点所在，也是保持协举方法持续作用的方式。协举方法本身就包含多个协举因素的可协调性、可持续合作性。

---

① TURCHIN V. The Pheonomenon of Science ［M］.New York：Columbia University Press，1977.

（2）协举思维的特点

协举方法蕴含着协举思维。在协举方法中，考察协举思维的特点，须注意以下几点：

系统中的矛盾不是单个矛盾的独立作用，而是若干矛盾群在综合作用；某一阶段内的矛盾发展不是此矛盾发展到顶极后彼矛盾再发展，而是此矛盾发展的同时彼矛盾也在发展，是同步发展；两个整体矛盾以上的矛盾具有互动性；在一个系统中，各要素是共存的；在一个系统中，各要素的发展是并举的，不是发展一个丢弃另一个；系统协调的目的在于上升，在于举，而不仅仅是均衡，均衡发展是系统发展的目标性要求，但矛盾发展不是为了局部均衡，矛盾发展的结果常常是局部的不均衡发展与全局的均衡发展互动并举；系统协调不是单协调不互举，不是折中主义、平均主义，而是尊重实际情况的依序依位依功能发展；系统矛盾存在的能级跃迁由要素的协调共进来推动；动态统一性的持续性由多样性的互举所支撑，是多样性并举保证了统一性的可持续性。

如果说，矛盾辩证法是从对立面的统一中把握对立面，那么，协举方法则是从多样性的并协中把握互补点。因此，协举思维具有如下特征。

①把联系性深化为连续性。唯物辩证法描述的联系是普遍性、特殊性联系；协举描述的联系是普遍性与特殊性的连续性，包括：整体内的普遍性与系统内普遍性的连续；整体外的普遍性与系统外的普遍性的连续；已知物质的普遍性与未知物质的普遍性的连续；已知物质的特殊性与未知物质的特殊性的连续；特殊性的连续性表达使普遍性更为普遍等。

②把矛盾体深化为矛盾群。唯物辩证法所描述的矛盾体是整体性、系统性的矛盾；协举描述的是无数整体的、无数系统的矛盾、整体链性的矛盾和系统群性的矛盾等。

③把矛盾运动深化为矛盾互动。唯物辩证法所描述的矛盾运动是整体内、系统内的矛盾运动；协举描述的是矛盾整体与矛盾整体的互动、矛盾系统与矛盾系统的互动、矛盾链与矛盾链的互动和矛盾群与矛盾群的互动等。

④把可知性深化为可控性。唯物辩证法所描述的"可知"是世界的可知性，协举描述的可知是建立在世界可知论基础上的世界可估控性的一面。（需要说明的是，这里说的世界可估控是相对意义，不是指绝对的、全方位的立体可控制。）

⑤把中介性深化为中介系统。矛盾辩证法在描述联系中介的时候与描述对立统一是不同的，描述对立与统一是整体性、系统性的描述，描述了方方面面；但在描述中介的时候却着墨有限。协举描述的中介是整体性、系统化的中介，是把联系的中介性与存在的矛盾性贯通起来的统一，是把联系的中介与发展的中介贯通起来的统一。

⑥把统一性深化为和谐性。在矛盾辩证法描述的统一性与多样性之中，缺乏必要的使对立向统一过渡的桥梁；协举描述的和谐便是对立性向统一性过渡的中间状态，有了和谐这个中间状态，才能把此时的对立统一与彼时的对立统一联系起来，将统一性贯彻到底。

⑦把扬弃发展深化为扬、弃、传发展。矛盾辩证法所描述的发展是以矛盾为动力，曲折前进而螺旋上升；协举描述的发展，

有个体性发展、整体性发展、系统性发展，发展具有多种动力。对于个体发展来说，矛盾是发展的动力；对于整体发展来说，矛盾是其第一动力，和谐是其第二动力；对于系统发展来说，和谐是其第一动力，并举是其第二动力，矛盾是其第三动力（反推动力）。一个巨系统的发展，是依赖这三种动力协调共进的。

⑧把两面性深化为多元性。矛盾辩证法所描述的辩证关系，是具有两面性特征的辩证关系；协举描述的辩证关系是多元性的。辩证法从原始的自发性的辩证法到朴素的辩证法到唯物主义辩证法，再到当代系统辩证法，都在描述对立统一的辩证关系，归根结底都倒向两面性；协举把矛盾与非矛盾统一起来，因此它能够顺理成章地将对立的一面、中立的一面、独立的一面等都统一起来。

⑨把物质性深化为信息性。矛盾辩证法所描述的物质性是非常模糊的物质，是没有把物质的能量性、材料性、信息性协调区分的物质；协举方法论描述的物质是"鲜活的"活性物质。协举方法论认为，物质具有材料性、能量性、信息性的表现，同时也有意识性、精神性、思维性、灵感性等生命属性的表现；在哲学上只有把意识界定为物质的特殊表现形式，才能不把物质与精神的联系割裂开来，例如，意识可以通过脑电波呈现，脑电波又可以通过仪器显现出来，意识是客观的实在，符合物质的客观实在性；精神既有与物质对立性的一面，但也有与物质统一性的一面。因此，从起源的本体上来说，精神是物质所派生的，是主观虚存的特殊性物质。精神、意识等是物质的信息部分所打造的虚存性特殊存在，精神与物质的对立统一关系，在秩序上是先统一而后

对立再统一，因此是协举存在；物质不是因为派生了精神才具矛盾性，而是物质本身就是矛盾态的存在，只不过派生了精神以后使矛盾表现得更明显而已。

综上所述，协举方法论更细化、更深化地将"从对立面的统一中把握对立面"的矛盾辩证法的方法论丰富了起来，有了这种更为丰富的方法，便可以将矛盾学说更持续地向深处发展。

2. 协举方法的结构

协举方法的结构是"主基"结构——主体基点结构。具体为，一主二基，即一个主体，两个基点。协举方法采用"一主二基"模式。

"一主二基"模式：一种以双赢共生、协调发展为目标，以"一主二基"为形式，以"主介基反"为内容，实现三方协调并举的模式。

一主二基是事物普遍的存在状态。在微观领域，质子和中子靠相互交换介子维持平衡是一个很好的证明。如果没有介子作为中介，质子和中子所构成的矛盾将难以调和，也就没有原子核的稳定状态，自然也没有原子的稳定状态，物质也将难以保持平衡状态，世界将难以想象，正是作为中介的介子的存在，才避免了这一切的发生。

作为现代科学重要内容的信息论、系统论、耗散结构论、协同学等，也为"一主二基"协举思维方式提供了理论基础。

在关于信息的论述中，维纳认为："信息"这个名称的内容，就是我们对外界进行调节并使我们的调节为外界所了解时，与外界交换而来的东西。由此可见，信息表明这样一种关系，即主体与客体之间互相交流，存在着某种主体客体化与客体主体化的双向关系，而这一特征正是中介融于主、客体之间时的表现。如果我们认真思考一下哲学基本问题——思维与存在的关系问题——也可以发现，思维之所以能反映存在，正是因为信息的存在，人的思维是通过信息这个中介来反映存在的。事物即使存在，如果人没能接收到事物的信息，思维就不能反映存在，人如果接收到错误的信息或不完全的信息，也不能正确反映存在。所以，"一主二基"的协举思维方式也适用于思维通过信息反映存在这一过程。

再来看系统论，系统论揭示了复杂事物都是作为系统而存在的，系统作为要素相互作用的复合体，由平衡结构向耗散结构、再由低级的耗散结构向高级的耗散结构发展。系统与系统之间构成一个相互联结的层次发展，仿佛内在地具有一种合目的性。系统发展越高级，合目的性就越强，它对环境就越具有适应、调节和控制能力。如果把矛盾双方看作一个系统，矛盾的中介就是其存在的第一环境，中介与系统间不断进行着物质、能量、信息的交换，促使系统向更高级状态发展，逐渐增强系统的合目的性，促进矛盾的解决，最终实现协调。

耗散结构理论得出了与经典理论截然不同的结论，指出物能耗散具有非常积极的作用，高级有序系统的形成和发展都依赖于物能的耗散。所以，使矛盾系统与其中介进行联系，形成开放系统，释放多余的"负熵"，最终达到系统的有序和协调。

协同学的研究成果指出，任何一个巨系统，如果它的子系统各行其是、互不合作，整体上必定是无序的。只有当子系统之间相互合作、协同，才能在整体上形成有序的结构或行为模式。矛盾双方正是通过中介使彼此发生联系，形成互补，进行合作，而使整个系统呈现出有序状态的。

这些自然科学领域的最新成果，都为"一主二基"协举思维方式存在的合法性提供了强有力的佐证。

"一主二基"协举思维方式的总体特征如下。

第一，从人类对世界认识的历史阶段来讲，"对立统一"思维方式及以前的思维方式主要是针对"世界是怎样的"这一问题来认识世界，而"一主二基"协举思维方式则在此基础上进一步深入"世界赖何这样"这个问题。在实际操作上，它不再满足于知道世界是怎样的，更要探究世界赖何这样，并怎样据此制导事物的发展，实现事物的和谐。现有的辩证思维告诉我们，对立统一规律是宇宙的根本定律，在看到事物是对立的同时又要考虑它是统一的，在考虑到事物是统一的同时又要注意到它是对立的。"一主二基"思维方式则在此基础上继续告诉我们：正是中介的存在，才使性质不同的双方呈现出既对立又统一的性质。存在差异的矛盾双方正是在争夺、获取中介的过程中才表现出对立性，由此双方都力图更多地拥有中介，同时，仍是中介的存在，对矛盾双方进行的引领、统合才使得矛盾双方又表现出统一性。

第二，从"一主二基"协举思维方式分析的对象数量来说，它是一种分析三者之间关系的模式。随着社会的发展，事物的复杂性日益增加，我们遇到的多者关系越来越多，人们迫切需要从思维方式上得到指导，其中，首先就是怎样解决三者关系。"对立统一"的分析方式主要是用来分析"两者"之间的关系的，对于解决"三者"之间的关系，往往无法得到明确具体的指导。"一主二基"这种解决三者之间关系的思维方式，正是在这种条件下应运而生的。当然，这种模式是在分析"两者"关系的基础上产生的，同时也是解决"两者"矛盾的方法。以"一主二基"思维方式来看，解决三者之间关系的关键，在于使其中之一成为另外二者的中介，来实现三者的协调。

第三，从"一主二基"协举思维方式所体现的整体旨向来看，它所呈现的是一种协调并举的态势。由于三方中主、基分明，整体呈现出明确的发展方向，解决了矛盾双方的混乱，也使整体呈现出有序的状态，实现了三方的协同并举。这种思维方式弥补了原有思维方式的不足，为实现事物的协同并举指出了一条新路。

"一主二基"协举的思维方式具有三层内涵："从三辩证""主介基反""一元三半"。

（1）"从三辩证"

"从三辩证"，即把矛盾双方的中介方（简称介方）作为相对独立的一方来看待，介方为主导方，矛盾双方为两个基点方。介方，指驱使矛盾双方联结在一起而和谐共处的那个中立化、具有矛盾双方双重属性的方面；矛盾双方，是指两个性质对立、立场对立、功能对立、方向相背、作用相异而又相互联结的两个方面。

在辩证思维体系的固有观念里，人们通常认为介方是矛盾之外的，然而，介方只是通常隐藏在矛盾双方更深层次当中，在动态的相互向对立面发展的过程中便更明显地突显出来。事物内部的协调机制只有在动态下才更充分、全面地呈现。所以，当我们研究解决矛盾时才能看清楚矛盾的真实面貌。尤其是当我们希望化解矛盾、实现双赢时，中介的作用就显得尤为重要。基于介方在解决矛盾过程中的主导作用，我们应该给予介方以合理的地位。

中介可以是独立于对立的双方之外的第三方，也可以是矛盾双方转化过程中所呈现的特有的特征或状态（实质上也可以称为第三方，因为它已与矛盾双方有所区别）。在结构上，这个中介即第三方，立场是独立的，处于对立双方的中间，不附属于他方。介方既不是矛方的"奴"，也不是盾方的"仆"。介就是介，介是自身做主，如介子并不属于质子或中子。在功能上，介方是矛盾双方相互转化的媒介，如介子是质子与中子的媒介。在作用上，由于介方是矛盾双方共同的需求对象，所以介方是对立双方共同的养护对象。

之所以把中介方作为与矛盾双方同等重要的独立一方，是因为中介方有一个最明显的特征：共用性。它同时满足双方的生存需要，是对立双方能共存一体的根本原因，是双方协调的缔造者。它既要满足矛盾这一方的发展需求，又要满足矛盾那一方的发展需求，也就是代表对立的双方的共同需求。介方既是矛盾双方联系的纽带，又是双方发展的条件，还是矛盾双方变化的前提，更是矛盾双方共存的基础。

介方的共用性决定了矛盾双方体现出既对立又统一且互补的性质。（对于矛盾的互补性，我们以前没有充分注意到。对于中介的研究，使我们发现了这一性质。）矛盾双方毕竟是两个不同的方面，差异导致了对立性，然而，"所有的两极对立，都以对立的两极的相互作用为条件；这两极的分离与对立，只存在于它们的相互依存和联结之中，反过来说，它们的联结，只存在于它们的分离之中，它们的相互依存，只存在于它们的对立之中"①。中介一分为二地融于、促动、引领矛盾双方，由于中介自身要完整、要发展，两个处于矛盾双方中的中介便都具有合而为一的趋势，正是这种趋势使矛盾双方表现出统一性；矛盾双方的相异性，在中介的引领撮合下，向着同一目标发展，便表现为互补性。如果没有介方的存在和扭结，矛盾双方便会成为只对立不统一或只统一不对立的因果关系。

介方是矛盾双方联系的纽带和互补的基础，也是二者既对立又统一的根本原因。例如，思维与存在的中介是信息，思维通过信息而反映存在：信息既存在于思维之中，也存在于存在之中，存在只有通过信息才能显示，从而被思维认知；"信息是人们在适应外部世界并且使这种适应反作用于外部世界的过程中，同外部世界进行交换的内容的名称"②。思维也只有通过获得信息才能反映存在。这里我们把信息定义为：信息是物质的作用态属性，事物相互联系的媒介。

在"一主二基"协举思维方式中，中介方是矛盾系统的主导方，主导矛盾双方的发展。在动态状况下，介方"一分为二"地融入矛盾双方，使矛盾双方之中各有一半介方；矛盾双方"合而为一"地养护介方，使介方得以张扬，矛盾双方与介方"三位一体"地协调共存。介方把矛盾双方联系起来，为二者的协调发展

---

① 马克思恩格斯选集：第 4 卷[M].北京：人民出版社，1995：349.
② 金哲，姚永康，陈燮君. 世界新学科总览[M].重庆：重庆出版社，1986：24.

建立桥梁，并最终通过三方的并举，实现矛盾体的协调发展。同时，三者所形成的整体的发展方向表现为中介主导方的发展方向，在整体上具有鲜明的指向。

"一主二基"模式的内部关系是：两基点方服从于主导方，靠主导方统一并协调共处，主导方为两基点方的发展指明方向，协调双方的矛盾；同时，两基点方之间相互作用，两基点方与主导方之间也相互发生作用、相互影响，即三者中任意两者之间都是辩证统一的，它们相互作用、相互影响，但相互间作用力度不同，使整体呈现出两基点方服务于主导方、主导方指导两基点方发展的态势。

（2）"主介基反"

协举方法之所以能够实现协调并举、双赢共生，在于它的内在机制："主介基反"。

"主介基反"，是指介方是解决矛盾的主导方，矛盾双方是基点，基点方具有叛己性。这里的"反"，指矛盾双方各自的叛己性，矛方叛己而向盾方发展，盾方叛己而向矛方发展。在这一过程中，矛盾双方都不以介方为敌，同时都以舍己护介为发展动力向对立面发展。

介方是因为它的中立、中性、中介地位，才使它处于主导方，因为矛盾双方的协调发展离不了中介。从静态来看，矛盾双方与介方是各自独立的，不分主基；但从动态看，中介之所以为"主"，是因为正是中介的出现，使矛盾得到了解决。以原子核为例。原子核的构成是质子与中子相互交换介子才得以扭结在一起、共存而形成原子核，离开介子这个中介，质子与中子的矛盾将无以调和，正是介子的出现，才使矛盾得到了协调，使整体呈现出和谐状态。

这种"主介基反"的机制使由矛盾双方与介方所构成的整体的主导方向非常突出。因为两个基点方始终服务、服从于主导方，使整体表现出以主导方为主的发展方向。两基点方服务、服从于中介，基点方是因为只能通过中介才能使对立面走向补充，完整自己。列宁曾指出："可以把辩证法简要地规定为关于对立面的统一的学说。"① 对立面的统一是以介方作为发展契机，从介方起步并以介方为桥梁和阶梯的。在"主介基反"机制中，作为中介的主导方在促使对立的基点方接受自己引领、融合的过程中，使矛盾双方各自实现向对立面的发展，从而实现三方的协调统一。

在这一模式中，作为主导方的中介对于矛盾双方的协举作用有三种境况：第一种，中介高于矛盾双方所处的层面，是矛盾双方发展的共同目标，中介通过对矛盾双方的引导，促使矛盾解决，或者说矛盾双方在对中介这个共同目标的追求过程中相互调试化解矛盾。比如一个家庭的父母为了孩子的成长发展不断调整相处的方式，营造良好的环境。第二种，中介与矛盾双方处于同一层面，是矛盾双方向对立面发展的中间状态，通过对矛盾双方的联合，促使矛盾解决，或者说矛盾双方在对中介这个发展的中间状态的联合过程中自行解决矛盾。例如黑白之间的转化需要灰。第三种，中介低于矛盾双方所处的层面，是矛盾双方共同内含的必需要素，通过与矛盾双方的结合，促使矛盾解决，或者说矛盾双

① 列宁全集：第55卷[M].北京：人民出版社，1965：192.

方在对中介这个发展的必需要素获取的过程中自行解决矛盾。例如，恋爱中的男女为了爱情，不断调整彼此，以和谐相处。由于万事万物都处在不断的发展变化中，处在矛盾双方中介地位的介方也处于发展过程当中，所以，对于处于某一具体矛盾中的中介来说，它可能经历以上所论及的一种、两种或全部情况。

（3）"一元三半"

"一元三半"，是指"一个完全的整体是由三个相互区别的元素共构而成"。

"一元三半"与"一分为二"的观点并不相悖。因为"一分为二"是从系统的高度来看的：一个系统分作两个相对的整体。这是客观的科学的论断。"一元三半"是从具体的角度来分析：一个整体分作三个部分。把"一元三半"和"一分为二"合在一起看，则是"一元、两点、三半"：一元分两点，两点又三半，三半是由两点交叉生成的三，是由二又细分而成的三；反过来看，则是三半合两点，两点合一元。因此，"一元三半"不是对"一分为二"的否定，相反，"一元三半"是对"一分为二"的更充分的肯定和肯定后的补充。

称之为"半"，是从矛盾发展全程而论。矛盾是"一分为二"的，但矛盾又需从三面来协调、解决。半，既包含二分之一，也包含三分之一、三分之二，占三分之二古称"太半"，今称一大半、一多半。同时，用"半"而不用"点"，也避免被误认为是一元两点的对立。因为这三半是从两点相叉而得来的，三半是两点下的三半，新增的这一部分与原来的两点不一定是同一级别。

之所以要二叉为三，是因为这个第三方虽然可以蕴含在矛盾双方之中，但在矛盾双方运动发展过程中，双方正是通过不断交换蕴含在自身内部的一部分而向对立面发展的，这个被双方不断交换的部分既属于此又属于彼，正是双方的中介。中介在矛盾双方运动发展过程中的特殊性使我们有必要将中介作为单独的一方列出，将二相交叉成为三。

以"一元三半"的观点来看待矛盾，矛盾由三方构成，即矛盾双方与介方，介方是矛盾双方扭结在一起的纽带。这个介方是独立的第三方，是矛盾双方的公共中介，是对立双方的共同需要。介方是一分为二的：介方的一半属于矛方，另一半属于盾方。矛盾的对立性是指矛方与盾方的对立，矛盾的统一性是在中介作用下矛盾双方体现的相同性质，矛盾的"亦此亦彼"是指介方。

"一元三半"的观点提醒我们：矛盾自身存在一个"共用"的媒介，正是这个"公共媒介"把矛盾双方"扭结"在一起。这种使事物实现统一的"公共媒介"规律是否存在呢？就像任何真理都只能通过人们的探索才会被揭示开来一样，这个答案也只有通过人们的深入探索才能给出。但"公共媒介"这一设想根本解决了矛盾双方为什么会"扭结"在一起，既对立又统一，以及对立面为什么向对方发展，而不是向其他方向发展的问题。在这里，我们可以避免总是用"一分为二"的眼光看一切问题，让原有的思维模式禁锢我们的头脑。

需要说明的是：一主二基思维模式是对矛盾辩证法"一分为二"思维模式的动态发展。"一分为二"思维模式是把矛盾双方看成既相互区别又相互联结且相互转化的不可分割的统一体，矛盾双方构成一个整体，它把整体分作矛盾双方的两个部分来看待，

没有把中介方单独列出来作为独立的一方，因而"一分为二"是
"从二辩证"的辩证思维方法。"一主二基"思维模式在内涵上与
"一分为二"思维模式的最大不同，是多出一个中介方，是"从
三辩证"。由"二"到"三"，是把二叉为三，并不是对"二"
的否定，只是对"二"的深化。

　　"一主二基"思维模式与当代学者所讨论的"一分为三"（本
书第二章第一部分进行过梳理）不同，虽然在现象上，两者都是
三个部分，又都是增加了中介这一方，但两者涉及的"中介"性
质是不同的。"一分为三"是把介方看作与矛盾双方处在同一层
面的第三点来看待，介方与矛盾双方必定处于同一层面；而"一
主二基"思维模式是从矛盾双方运动发展过程中，需通过介、离
不开介这个角度而提出中介为主、矛盾双方为基的观点的，介方
是矛盾双方相交叉而来的，它可能与矛盾双方不在同一层面，高
于或低于矛盾所在的层面。例如矛盾双方均是实物，介方可能是
实物也可能是一种性质，而对于"一分为三"则必须是实物。
"一主二基"模式中，当介方是一种性质时，矛盾双方对中介的
交换就更明确地体现为对中介的追求和维护。

3. 协举方法的七字精髓

　　为把传统辩证唯物主义的方法论立体提升起来，协举方法的
基本含义是围绕着"系统""整合""中介""互动""开放"
"共存""多赢""和谐"等运行，与矛盾方法论的"整体""分
析""两面""螺旋""斗争""胜利""重点""对立""统一"

等相对。从哲学高度对"系统""整合""中介""多赢""开放"
"和谐"等做总概括，其精髓在于扬弃而传。

协举方法的"扬弃而传"是指：优胜劣汰性承接，实现可持
续发展。过去我们经常研究的是扬弃，而忽略了对"传"的考
察。事实上，传是扬与弃的基础和平台，没有传，就无物可扬，
也不知所弃。扬弃而传的价值指向在于"可持续"三个字。

（1）扬弃而传的含义

在理解协举方法论的扬弃而传要义时，思维框架需要以宏观、
动态、立体、持恒的系统原则来引领。这是因为，微观中传的要
素不明显，静态中看不出传的作用，不立体难以发现传的踪迹，
而不从可持续发展、能连续发展的持恒发展观理解，很难想象
"传"的存在。在宏观、动态、立体、持恒的系统原则下，协举
方法论认为，没有"传"，就没有发展的连续性，没有"传"，就
没有联系的必要性，没有"传"，就没有扬弃的表现，没有
"传"，就没有一脉相承、贯穿始终。

协举方法论认为，对于发展来说，"传"是存在的基础，扬
弃是发展的主导。任何发展中都包含着或多或少的扬弃性质。在
一个发展的系统中，随着发展的阶段不同，扬弃的内容也不相同，
但不管是怎样的形式、怎样的内容扬弃，扬弃本身都是为了满足
发展的需要。

事物的发展不是毫无目标的发展，一切发展皆以联系为前提。
发展前的状况与发展后的状况存在着某种联系，从低级向高级的
发展是伴随着内在的和外在的联系的。而从此发展到彼的此彼联
系，包含着发展物的本质、本性、本能、本位的传承，从这个意

义上说，联系是为了更好地传承，发展是围绕着传承而展开。因此，传，是系统发展不可回避的要素。

传什么？怎么传？传给谁？谁来传？这些问题是因系统的本质属性不同而答案各异的。但可以明确的是：谁发展由谁来传；发展目标决定传的内容；发展境遇对传的形式有制约作用；联系广度对传的层次有定位作用；发展宗旨决定传的对象。

鉴于上述，协举方法论认为，扬、弃与传是一个有机整体，扬是为了传，弃也是为了传，传是为了新的发展。传与扬、弃是统一体，不可分割。

扬弃而传对"系统"来说，表现为局部矛盾斗争促进系统最优化；扬弃而传对"整合"来说，表现为矛盾此聚彼离维护系统的统一；扬弃而传对"互动"来说，表现为矛盾双方及中介在系统内同步演进；扬弃而传对"共存"来说，表现为各式各样的矛盾群居于一个系统内；扬弃而传对"多赢"来说，表现为参与发展的各方面都得到既定益处；扬弃而传对"和谐"来说，表现为冲突与包容相互补充营造系统自洽；扬弃而传对"中介"来说，表现为一个矛盾的双方通过交换中介成为另一个矛盾的双方；扬弃而传对"开放"来说，表现为旧矛盾体耗散在矛盾域（矛盾系统的某一特定部分）而滋生新矛盾。

众所周知，运用矛盾方法分析矛盾斗争，共有三种结果，其中第二个是"双方同归于尽"。对于社会矛盾，尤其是阶级矛盾、种族矛盾、内部矛盾来说，这样的结果是残酷的。在以人为本的当今时代，避免此种恶果的发生，是哲学的人道主义任务。扬弃而传提供的正是避免"同归于尽"的战略思路和调节方法。当然，"同归于尽"的事件在自然界是时常发生的，扬弃而传并不抹杀此事实。

协举方法论的扬弃而传之主旨，是从物质一元论出发，用系统观来把握矛盾，把矛盾看成系统发展过程中的必然存在，但同时认为矛盾态不是系统之全部，矛盾是在统一的和谐态之上、统一的和谐态之后、统一的和谐态之中而作用，作用后的矛盾又是消散在统一的新和谐态之内。在协举方法论里，和谐态被看成系统的恒态，矛盾被看成非恒态。恒态是多样性间的自洽、互融、同变的统一态，非恒态是统一域中的冲突、斗争、自利的多样态。

用扬弃而传来看世界的统一性与多样性的关系时，会得出"往复式"动态结论。从物质统一性向多样性发展的方向看，一生二，是一的传承；二生三，是二的传承；三生万，是三的传承。反过来，从多样性向统一性发展的方向看，万归三，三归二，二归一，一归物质。万归三，是万的扬弃；三归二，是三的扬弃；二归一，是二的扬弃；一归物质，是一的扬弃。

（2）可持续的含义

世界是永恒运动、变化和发展的。可持续概念的提出依赖于世界的这一基本特征，而可持续的实现则依赖于对未知真理的发现，依赖于把历史、现实与走势贯穿起来，从而实现辟新续旧、统筹兼顾。

20 世纪下半叶以来，全球政治、经济、文化等各方面的发展，呈现出相互依存、共同发展的趋势。特别是进入 21 世纪以来，在科学技术革命强有力的推动下，人类社会出现了全球化、一体化、信息化、智能化等许多新的变化。在人类社会的大变化、大变革中，我们既看到了已知真理的作用，更感受到新的真理的力量。我国改革开放的实践经验告诉我们，我们需要已知真理，但我们不能固守已知真理。马克思主义认为，实践是发展的，真理也是发展的。历史的实践产生、检验了已知真理，现实的、未来的实践也会产生和检验新的真理。已知真理只是真理的一部分，而不是全部真理。事物总是在发展着，只有将已知真理与新真理结合起来，同时保持着对未知真理的探索心态，在对已知真理的发展继承中留出对未知真理的丰富空间和补充空间，这才是正确的对待真理的态度。

历史与未来走势之间既相互联系，又相互区别。但关键在于，未来走势统领历史与现实。马克思主义辩证法认为，任何事物都向对立面发展，历史和走势是对立的，历史的前进方向就是走势。已知真理是对历史的正确认识，但它对现实和未来的指导，却具有一定的局限性。我们绝不能用昨天的眼光，来观察今天和明天，仅仅从历史和现实，无法把握未来。为了防止和克服已知真理的局限性，必须确立走势意识。用"走势"这个概念统领历史与现实，才是完整的唯物主义历史观。

"走势"概念提出的意义还在于：使人们从发展的高度，看历史、看现实、看未来，持续不断地在新的历史条件下发现新真理。从理论创新保证发展的可持续性，防止昙花一现式的发展，防止饮鸩止渴式的发展，防止以局部发展牺牲整体发展、一时发展牺牲持续发展的自杀式发展。从一定意义上说，发展的眼光就是走势的眼光，重视"走势"的发展才是可持续的发展。如果不用"走势"的眼光看待发展问题，发展就可能缺乏后劲，发展就会出现方向模糊、绕圈子、走弯路等问题。要确保发展在实践中具备可持续性，就要树立"走势"概念，在理论上就需要不间断地发现新真理。

发现新真理，需要通过创见——创新性的高远先见，创造性的真知灼见。真理是具体的，在新的事物中，有着新的具体情况、具体问题，只有符合新情况、新问题的创见性理论，才能有效解决新情况、新问题。实践是检验真理的唯一标准，创见是发现真理的万全成因。事物不仅是具体的，也是复杂的，任何一种创见，都需要多种思维方式的碰撞与融通。任何一种思维方式，只能产生一种解决问题的办法，因而也是有局限性的。思维方式上的创见，是理论创见的先导。只有崭新的、鲜活的、多元的思维方式，才蕴含多方面、多层次的思路，才能够使我们的思想立体滚动，才能给人们一个清晰的理念性、创见性、进取性的实践指导。包含着新思维方式的理论创见与新真理，才能可持续地助推新的实践。

我国的中国特色社会主义现代化建设是一种综合发展、全面发展的实践活动。这一实践活动作为一个过程，包括实践前的设想、构思、规划、方案、论证及具体实践，还包括它们的交替运动。理论上有创见，设计上、实践上才会有创新、有发展。在这个过程中，任何盲目的设计和实践，都会对发展造成障碍，甚至造成灾难性的后果。避免盲目发展的基本方法，就是在把握走势的基础上，不断探索新的真理，提出理论创见，从而实现可持续、能连续、终永续的发展。

三、协举方法可为辩证补缺

运用协举方法论必须防止两个不良倾向：一是把协举方法论与唯物辩证法对立起来，二是依照唯物辩证法的思维惯性理解协举方法论。

协举方法论是对唯物辩证法的扬弃性发展，不是抛弃唯物辩证法另搞一套的协举方法论。那么，协举方法论"扬"了唯物辩证法什么？"弃"了什么？本部分将给出具体的探究。

1. 协举方法与非矛盾态

协举方法认为，事物是通过矛盾、矛盾群与矛盾链的协举而实现统一的。

在一个系统内，各种矛盾系统组合成为矛盾群，具有近同态的各矛盾部分体现出在一定联系下的矛盾作用，作用的结果体现为相近的逻辑步骤、程序，即矛盾链。

在矛盾链中，由于新矛盾的进入，原有矛盾与之发生了新联系，使得该矛盾系统出现逻辑矛盾；这种逻辑矛盾导致局部新逻辑关系的出现；局部新逻辑关系继续与其他部分发生联系，从而进一步形成新逻辑关系；各种新旧逻辑关系进一步相联系，消除原来的和新产生的逻辑矛盾，成为逻辑自洽的稳定结构；逻辑自洽的稳定结构使参与逻辑过程的、系统矛盾的某些部分的、相近同态的某些性质得以凸显，成为新矛盾逻辑层次；而系统矛盾各部分的其他性质（例如中立、鼎立性）被压缩而成为新逻辑层次的新的矛盾链的背景。

在辩证方法中，通常都是理解整体矛盾、个体矛盾、主要矛盾、次要矛盾，在协举方法中，起点在于对矛盾群的理解，协举把整体矛盾、个体矛盾、主要矛盾、次要矛盾等放在可持续存在的平台上，由此产生对矛盾链的认识。这是对辩证方法的继承性发展，是对辩证方法的补充。

传统唯物辩证法认为，事物是变化的，变化呈现的是对立性；事物是联系的，联系呈现的是统一性；事物是发展的，发展呈现的是扬弃性；事物是存在第一的，存在呈现的是永恒性。继承性发展是指协举对矛盾的理解，深化了对经典唯物辩证法的认识。

传统唯物辩证法知道事物是变化的，变化呈现的是对立性，但不清楚事物的变化的对立性是系统内的对立；知道事物是联系的，联系呈现的是统一性，但不清楚事物联系的统一性是系统外的统一；知道事物是发展的，发展呈现的是扬弃性，但不清楚事物发展的扬弃性是系统间的扬弃；知道事物是存在第一的，存在呈现的是永恒性，但不清楚一事物存在的永恒性是系统链的永恒。

按照法国学者莫兰的说法，整体中的部分甚至也大于原来的部分。"我们发现不仅是整体大于部分之和，而且整体之中的部分也会在整体的作用下大于部分。"①

协举方法对辩证方法的贡献之一，简单地说，就是非矛盾认识。非矛盾认识包括对三种现象的认识：独立现象；中立现象；

---

① ［法］莫兰. 方法：天然之天性[M].吴泓缈，冯学俊，译. 北京：北京大学出版社，
2002：101.

鼎立现象。

独立现象是指"矛盾的一方战胜另一方之后的得胜方在尚未遭遇新的对手时的状况";中立现象是指"矛盾群中的某一方在尚未被其他方征服时的状况";鼎立现象是指"系统矛盾中的排斥方、中介方、吸引方尚未到达正面冲突时的状况"。

协举方法认为,独立、中立、鼎立都是对立的特殊存在,是在矛盾链上的具体表现点,是矛盾自身发展过程中的特殊体现,如果在理解矛盾时仅仅分析对立存在而不分析独立、中立、鼎立现象,势必失全导致片面性摇摆。众所周知,辩证方法最重视的是"从对立面的统一中把握对立面",而对于独立、中立、鼎立现象重视程度不够。而协举方法论则能够包容独立现象与对立的关系,中立现象与对立的关系,鼎立现象与对立的关系,独立现象与统一的关系,中立现象与统一的关系,鼎立现象与统一的关系。

2. 协举方法对辩证补缺

在以往与现实的头脑中,我们运用得最娴熟的是"二"的思维及辩证分析。提起"二",我们有成套的、成堆的、成系列的高论。然而对"三"、对中介概念、对协举方法等,别说成套,连成串都是问题。

当人们把协举当成一种哲学思维的倾向时,头脑中的思维运算就会跳出"三"的结构,从矛盾的动态构造过程中寻找答案,到"协同并举"这种实在论里去找出路。

（1）协举框架对辩证框架的补缺

协举方法与辩证方法相比，实现了框架的更新，即把辩证法的系统观发扬光大的同时，增添了交叉连续的链性平台、自洽跃迁的和谐目标。在辩证方法中显然没有交叉、链性、跃迁、自洽、和谐的概念，但是在辩证方法的可持续发展观中，已经蕴含了朴素的链性思想。链性是实现可持续发展的基础，自洽是实现可持续发展的动力。

第一，扬弃传都更彻底、完整。把处于"辩证关系"中的存在和客观事实放在系统中来考察，我们就会发现矛盾不是一次性的，而是多次性的、可持续存在着的，像链条一样循环不断地"产生""消亡""再产生""再消亡"……旧的矛盾灭亡，同时，产生新的矛盾。"从对立面的统一中把握对立面"的矛盾分析方法在结构上属于"两点一元"的结构：（双方）对立……统一……对立……统一……对立……统一……或者两点……一元……两点……一元……两点……一元……这里根本没有协举的位置，只有对立与统一。

但事实上，从事物可持续发展的观点来看，协举的位置是对立与统一无法取代的，那就是：第一阶段向第二阶段发展的传承与扬弃时，第一能级向第二能级突破的扬弃与跃迁时，第一本质向第二本质转化的跃迁与交叉时，都需要协举。其具体体现是：在第一阶段的对立统一与第二阶段的对立统一过程中，第一阶段要向第二阶段传承第一阶段的精华，才能使第二阶段挺立，而要保障传承得以完全，势必需要第一阶段自身的对立统一因素相互协举；在第二阶段的对立统一与第三阶段的对立统一中，第三阶段需要抛弃第一阶段的糟粕，"扬"第二阶段的精华，"弃"与"扬"的协举性是保障第三阶段挺立发展的基础。

在第一阶段的对立统一与第 n 阶段的对立统一中，第 n 阶段的对立统一势必要经过多次反复的"传""弃""扬"，而多次的反复的"传""弃""扬"的协举是保障对立统一辩证性可持续存在、可持续发展的先导。此事物能级的对立统一与彼事物能级的对立统一之辩证性需要协举；两点……一元……两点……一元……的辩证需要连续性协举。可见，正是协举保证了事物扬得彻底，弃得干净，传得完整。

第二，更强的处理实际问题的能力。由于我们所提的协举是辩证意义上的协举，所以协举方法与辩证方法相比，具有更强的解释力和更强的处理实际问题的能力。在当今多元经济时代，协举方法对辩证法的补充和发展还体现在对以下几种关系和问题的处理上。

①多元与一元的辩证关系。在两点一元的辩证法中，协举的地位是潜在的，或者说处于次要的辅助地位，但在多点一元、多面一元，尤其是多环一元的辩证关系中，协举的地位就十分显赫，这时必须引入协举的方法，才能进一步说明和解决问题。例如，在计划经济时代，我们的哲学眼光是瞄准"主要矛盾"与"次要矛盾"的辩证关系、"上层建筑"与"经济基础"的辩证关系，由此得出的结论就是："以阶级斗争为纲"，走一刀切的公有制路线，不允许多样性存在。但在市场经济时代，允许公有制与其他所有制共存，如果还是坚持对立思维，势必把其他所有制与公有制对立起来。我们必须把公有制与其他所有制放在协举思维中予

以考虑，在坚持其他所有制并存的条件下，并不失却公有制的主体地位。在这个意义上，协举方法是更精确的辩证思维。

②多极与中心的辩证关系。在矛盾分析方法中，处理的是对立的两级，看不出协举的作用。但当面对复杂的矛盾群，一对矛盾有两极，两对矛盾有四极，三对矛盾有六极……就是 n 极的矛盾。面对 n 极矛盾，我们就必须把它们放在一个系统中考虑，由此形成一个系统中心，协举方法处理的是这个中心与多极之间的关系。很显然，针对多极与中心的辩证关系，矛盾辩证法的局限性显而易见，而协举可以更细致、更精确地处理这种关系。

③多层次与目标的辩证关系。多层次不仅是指层次不同而且方向也可能不一致，这是系统群全方位发展的常见现象。层次不同、方向不一是从具体的、局部来看的，在总体系统上看统一性是必然的，尽管层次不同、方向不一，但总体目标是一致的。对于层次不同、方向不一而目标相同的辩证，必须以目标为参照，即多样性应该以统一性为参照系。这样，其结果就是在过程中表现为不同的层次与不一的方向，在终极目标上则是相同的，既不违背多样性也不背离统一性。通过实现共同的目标，各子系统和层次被紧密联系起来。"系统一般可以用目的来表征，其目标定向依赖于通过不同系统或自系统之间的通信而发挥作用的机制来实现。"① 在这种辩证关系中，只有通过协举，不同的层次与不同的方向被结合在一起，实现一个终极目标上的一致；否则，便又回到两面性的老路上去，导致两个目标的误判。

---

① ASHBY W R. *An Introduction to Cybernetics* ［M］.London：Chapman & Hall Ltd, 1956.

④相异性与共存的辩证关系。根据辩证方法，有相同必有相异，况且在量上相同与相异是大致持平的。看待相异性共存，我们不能把各式各样的相异都看成清一色的两面性结果，因为两面性只是一种现象，而世界是多样性的；用完全清一色的两面性结果对形形色色的大千世界"一刀切"是主观武断，会犯以偏概全的错误。在共存的相异性现象中，辩证法的局限是明显的，但引入协举概念，使辩证法能够在产生清一色的两面性结果的同时产生多面性结果是对辩证功能的新开发。在协举的作用下，单面性、两面性、三面性、n面性、多面性既共存又并进，使辩证法的运用领域扩大。

⑤实现多赢的客观要求。当今社会是多样化发展的社会，故在决策选择上对"双赢、多赢"的要求是非常高的，即只是单赢而不能实现"双赢、多赢"的策略根本不是首选策略，要想仅仅依靠矛盾辩证法来分析和解决各种复杂的问题、处理各种复杂的关系，几乎是不大可能的。适应这种需求、这种态势、这种时代的只能是协举性辩证。通过运用协举性辩证来分析和解决问题，就能在事实上获得"双赢、多赢"：两种相异而共存谓之"双赢"；多种的相异而和谐谓之"多赢"。

⑥消解对立的冲突状态。在矛盾辩证法中，只看到了对立双方的冲突、恶斗、争端，因而主张的往往是"一方战胜另一方"；而在社会关系日益复杂的今天，人们追求的反而是和谐共存，"所有行为者冲突性活动的总和，在一定条件下反过来有利于共

同体的利益"①。因此，在允许"一方战胜另一方"的同时又允许"一方监督另一方""一方助持另一方""一方提升另一方"，所以那种突出对立与斗争的矛盾辩证法就具有一定的时代局限性了。当今时代，人们更倾向采用协调、磋商、对话、沟通的方式和平解决冲突和争端。因此，协举方法应运而生。它强调具有冲突的不同方面、不同层次的各方通过协举实现和平发展。

⑦消除同归于尽的结局。矛盾双方的争执积累是孕育双方同归于尽的凶险结局的根源，显然不利于事物的发展。在各种问题中贯彻"投入最小、效果最好"的经济学原则的结果，就是强调各方协举。认识到各方的共同利益、共同的目标追求，以及利益最大化原则，我们在面对由冲突、恶斗、争端引发的双方同归于尽的凶险局面时，就会尽量弱化各方的冲突和斗争，强调彼此的需求和最大利益，求同存异，避免出现双方同归于尽的结局。

第三，追宿性看待新问题。多样化实践所需要的方法论，不仅能够预估性发现新问题，而且能够追踪现实事物的走势、侦测现实事物的未来归宿（简称追宿），并在此基础上理解新问题。只有能够追宿地理解新问题，才算是完全理解问题的实质，全面理解相关问题，才能从根本上防止认识的片面性，才符合矛盾分析方法一直提倡的"全面地看问题"。

第四，预估性发现新问题。从理论上模拟经济、科技、文化、政治等的多样化实践所需求的方法论，应当能够预先测绘、提早评估（简称预估）、追踪监控未来发展阶段上的新症结。只有能

---

① [法] 弗拉索瓦·佩鲁. 新发展观[M].张宁，丰子义，译. 北京：华夏出版社，1987：2.

够预估新症结，早发现而采取得力措施，才能从根本上避免盲目实践。预估性发现新问题的目的在于，掌控今天的策略与未来发展的"多样性"，协调今天的经济与未来政治的"多样性"，一统今天的文化与未来科技的"多样性"。这就需要"多样性"的思维、"多样性"的创见、"多样性"的实践、"多样性"的理解。面对当今世界格局，创建能够保障自主创新能力持续不断、接连诞生创意的方法论，是国家综合国力快速提高的需要，是执政党稳定社会大局的需要，同时又是各阶层持续生存的需要、生产力结构更新的需要、每个人价值实现的需要以及辩证法升级的需要。

第五，注重辩证多样的互补。矛盾的局部化并不意味着矛盾系统对外界的封闭，协举方法论提供了不同矛盾系统互补交流的平台。矛盾的互补性有两种形式：同一类型矛盾的不同矛盾片段之间在时间上的互补性（简称时间互补性）；不同类型矛盾或者不同矛盾系统之间在空间上的互补性（简称空间互补性）。

第六，注重主基各方的可持续。协举方法论在概念结构、实物结构、数学程式、哲学功能四种"解"上，都是遵循可持续原则的。遵循可持续原则的哲学证明是原理、方法、效果贯穿的。在协举方法中，贯穿的含义是指主基能够相互包含、相互接应、相互替补、相互证明、相互交感、相互沟通、相互体现。只有这样，才能把存在的系统性、联系的自洽性、发展的可持续与矛盾规律结合起来，掌控事物的走势。

（2）协举思维对辩证思维的补缺

现有的辩证思维虽然既讲对立又讲统一，但由于历史环境的影响，人们过多强调了"两极对立"，这在当今注重和平与发展的今天，显然不合时宜。所以，我们应该在矛盾的统一上多下功夫，协举思维方式正是在这一方面的探索。

辩证思维是一方的发展以另一方的淘汰为前提，协举思维是一方的发展以另一方的助战为前提。在辩证思维里，受"斗争的绝对性"影响，遇到对立面相斥总是认为"不是东风压倒西风，就是西风压倒东风"。在此观念下，己方为了发展，总是想法设法竭力使对方淘汰掉。而协举思维则是一方的发展以另一方的助战为前提；在"不协举就不可持续"的观念下，己方为了发展，总是要想法设法竭力使对方来给自己助战。

辩证思维是一方的先进以另一方的落后为根基，协举思维是一方的先进以另一方的转化为根基。由于辩证思维是两点论，兼容不了非敌非友的第三方立场，故总是把先进与落后对立看待，己方为了争先进，总是要想方设法竭力使对方处于落后地位。而协举思维则是一方的先进以另一方的转化为根基，己方为了争先进，总是要想方设法竭力使对方转化在自己方一边，或使对方转化到与己不敌对的第三方。

辩证思维是一方的高级以另一方的低级为依据，协举思维是一方的高级以另一方的开拓为依据。由于辩证思维从两点看世界，高级与低级是互相对应的，如果对方是高级的，那么自己便是低级的了，无法理解两种高级同时存在且能够优势互补的状态。而协举思维则是一方的高级以另一方的开拓为依据，它注重两种或多种高级的优势互补、交叉兼容。因此，总是自己主动先行迎险，为争取再高级开拓新疆域，对于对方的已然高级是乐意欣赏的。

辩证思维是一方的创新以另一方的守旧为必需，协举思维是一方的创新以另一方的救难为必需。由于辩证思维认定发展就是扬弃过程，故当认为自己是新生事物时，就以为对方一定是旧事物，要把对方的守旧批倒批臭。而协举思维则是一方的创新以另一方的救难为必需，协举思维中的创新是从鉴赏对方的优势、补充对方的不足开始，再针对对方不足中的难点施以拯救措施，以致对方相对完美的时候，自己的创新也就完成了。

辩证思维是一方的胜利以另一方的失败为垫底，协举思维是一方的胜利以另一方的捐献为垫底。由于辩证思维认定路线问题上没有调和的余地，故总是把异己当作对立面而打倒"再踏上一只脚"，以异己的失败作为自己胜利的垫底。而协举思维则是一方的胜利以另一方的捐献为垫底，协举思维把异己理解为竞争对手而非敌人，竞争对手可直接促进自己的不间歇、不停顿、持续发展。故，协举思维认为，损害竞争对手就等于损害自己的持续发展之路，因此它乐意捐献自己的一部分作为对手胜利的垫底。胜利方胜利后也会为己方发展提供便利。

辩证思维是一方的执政以另一方的服从为规则，协举思维是一方的执政以另一方的监督为规则。由于辩证思维认定发展是螺旋上升，故，它的发展概念里发展的路只有一条螺旋大道，而多个方面同在一条螺旋大道里上升必然是相率的：一个接着一个升，不可能相并而升、相间而升。因此，"下级"应该让"上级"先上升先发展：下级绝对服从上级。只有上级命令下级，下级不可以对上级指手画脚，执政方出了问题，其他各方就该自认倒霉。而协举思维则是一方的执政以另一方的监督为规则，下级服从上级是一方面，而监督却是另一不可或缺的方面。执政方出了问题，由执政方负全责，监督方出了问题，监督方负全责。

辩证思维是一方的繁荣以另一方的荒凉为对比，协举思维是一方的繁荣以另一方的和谐为对比。由于辩证思维认为统一都是相对的，故，自己的繁荣是以对方的荒凉为对比的，如果发现对方不荒凉，就认为自己不繁荣。而协举思维则是一方的繁荣以另一方的和谐作对比，如果发现对方不荒凉而能养尊处优，那才证明自己是繁荣的。协举思维认为，竞争对手的劫难是自己的劫难先兆，竞争对手的荒凉是自己的荒凉的发端，竞争对手能安然养贤是自己的工作成绩的体现。

辩证思维是一方的完整以另一方的完整为规避，协举思维是一方的完整以另一方的破损为规避。由于辩证思维是非此即彼，故认为自己的完整是对方的破缺，对方的完整是己方的破缺，做事总是以迫使对方不完整、破缺为出发点。而协举思维则是一方的完整以另一方的破损为规避，自己的完整是对方发展补充的结果，对方的完整是己方的协助拓建的结果，做事应以避免对方破损、帮助对方拓建为出发点，在相互拓建中促进双方的完整。

辩证思维是一方的持续以另一方的灭亡为动力，协举思维是一方的持续以另一方的跃迁为动力。由于辩证思维方法论的三斧头——一方战胜另一方、双方同归于尽、变成新生方，斧斧不离"亡"，故，辩证思维指导下的实践，总是将己方的可持续建立在对方的灭亡上，而协举思维则是一方的持续以另一方的跃迁为动力。跃迁是指真正的扬弃，把不符合发展规律的、违背可持续发展的、阻碍能自续再生的因素彻底抛弃掉而提升到可持续发展的轨道。协举思维的可持续发展的动力是建立在对方跃迁的基础上。

因此，它总是乐意助导对方扬弃可持续发展的阻碍因素，促进对方新生，以对方的跃迁为新生契机，让自己也跃迁至可持续发展的高层次。

从当代社会的发展现状来看，虽然人们的头脑中还没有清晰的协举概念，但行为实践上已经在不知不觉中走向了协举。以往时代拼资源、靠山、心眼，当今和今后的时代拼创意。创意驱动着经济效益、价值层级，创意领先者方能引领时代潮流，可以说，这是一个竞创时代。

在竞创时代，主张"超越矛盾，实现常赢"。在协举思维中，对手的高度决定自己的层次，对手的发展程度直接刺激自己的创新力度，对手对市场的占领度可以撬动自己向新市场的拓展。睿智的创才绝不会以消灭对手为目标，而是与对手相并而行，甚至通过"养敌"的方式，把自己已经成熟的经验、技术分享给对方，培护对手的持续成长，倒逼自己升级换代、换招再来，也使自己在创意比拼的路上，始终不会"独孤求败"。

（3）协举结构对矛盾结构的补缺

"协举结构"与辩证方法的结构有着重要的区别，以下把协举结构与矛盾结构进行对比，以阐述两者的不同。

①"矛盾结构"是本质考察，"协举结构"是对导源和归宿的考察。

本质考察，是以发现一事物的本质与另一事物的本质之间的区别为认识深度的考察方法。而对导源和归宿的考察，是以发现事物的本质导源与未来归宿为认识深度的考察方法，这样的考察可以最大限度避免盲目行动。源宿考察把人们的哲学认识深度又向纵深推进一步。以协举方法，不能预早查知事物归宿的认识，是不彻底的认识，不能查知归宿的认识方法，则不是完全意义上的科学方法。认识的最高目的是探清导源、查知归宿，探清事物的导源、查清事物的归宿也是能动反映的至上境界。

②"矛盾结构"是内部动态，"协举结构"是外部动态。

内部动态，是指矛盾观发现的事物结构是事物自身的内在动态反映，矛盾观在认识问题时，总是把事物存在的绝对条件归结为两点。这种"两点论"的动态考察方法导源于唯物主义哲学的宇宙两分法，即把宇宙的构成归结为物质和意识。

外部动态，是指协举观发现的事物结构是事物自身之外的动态反映，协举观在认识问题时，把事物存在的绝对条件归结为三半，从物质、意识、运动三个关系来考察。考察身外动态的主导用途是系统考察矛盾群。众所周知，考察问题时不能只用一种方法，而应当用多种方法立体考察。外部动态是对内部动态的补充，考察矛盾群、矛盾系统时，从结构外的外部动态考察，才能宏观把握矛盾群与矛盾群的联系、矛盾系统与矛盾系统的联系。

③"矛盾结构"是内因联系，"协举结构"是间因联系。

"协举结构"的间因联系之间因，是指"非内、非外、亦内亦外的此内彼外、昔内今外、合内分外之因"。宇宙的联系是无限多样的，内因联系是从个体来看，外因联系是从整体来看，间因联系是从系统来看。

④"矛盾结构"是不设立媒介的系统，"协举结构"是介体

系统。

辩证矛盾观念只有对立、统一，而对于对立性与统一性的并存，没有设立中介体。事实上，不设立媒介系统，无法把"宇宙的普遍联系"贯彻到底，也无法理解矛盾双方同归于尽之后为什么还能再生，更无法理解同归于尽的矛盾的能量、信息等的延续性。"协举结构"的介体系统则完全能够理解，因为矛盾本身是一个介体系统，同归于尽的矛盾在死的过程中把能量、信息等传给了另一个介体。宇宙中没有不被作为介体、不能作为介体、不用作介体存在的。

⑤"矛盾结构"是扬弃发展，"协举结构"是并举发展。

扬弃与并举的不同在于：扬弃是指一物克服另物，新事物的产生是旧事物的废止，旧事物一定被新事物所代替；并举是指一物改造另一物，新事物的产生是旧事物的转制，旧事物可能被新事物所汲取。更有一种特殊情况，即对立的事物在同一个境遇中并行或并协发展。

⑥"矛盾结构"是斗争主导，"协举结构"是协调主导。

"矛盾结构"从整体观念理解系统发展的事物，得出"矛盾是发展的原动力""斗争是绝对的"的结论；"协举结构"认为在一定范围内是可以这么认定的，但整体系统地看，和谐、协调是主导。

⑦"矛盾结构"是力向对方，"协举结构"是力向中心。

正如列宁所言的"向对立面发展"，"矛盾结构"是力向对方，现象的作用力朝向本质，形式的作用力朝向内容，条件的作用力朝向根据，主观的作用力朝向客观，矛方的作用力朝向盾方，阴的作用力朝向阳……

事实上，现象的作用力朝向本质的目的是让本质反推自己，形式的作用力朝向内容的目的是让内容反推自己，条件的作用力朝向根据的目的是让根据反推自己，主观的作用力朝向客观的目的是让客观反推自己，矛方的作用力朝向盾方的目的是让盾方反推自己，阴的作用力朝向阳的目的是让阳反推自己……所以，从可持续发展的全程来看，"向对立面发展"是手段、是现象，而反推自身才是目的、是本质。通过向对立面发展，补充完善对方，又通过对方对己方的反推，促进己方发展，从而促进整体的提升，是协举的目的所在。

第四章　协举方法论的实践价值

协举方法论是继辩证方法论之后，针对方法论问题的新探索而提出的。由于种种原因，各国学者在哲学发展问题上对辩证法的态度，要么是完全继承，要么是站在反辩证法的立场上，造成实践中虽然具体的科学方法层出不穷，但哲学方法论的发展反而相对缓慢。

协举方法论是从辩证方法论自身的发展提升发展而来的方法论。因此，关于协举方法论的实践价值，本书认为应当首先从理论协举入手，主要体现在其对辩证法的承接。其次，应从改革哲学入手，运用协举方法论深刻而全面地把握创新的内涵与本质。

一、协举方法论的理论协举

世界是多样性（不只是两样性）统一的。在处处存在矛盾的同时，也处处存在着和谐。既然矛盾是可持续存在的，那么和谐也应该是可持续存在的，这样的世界才能既多样又统一。我们要全面认识世界的客观规律，就应该既认识矛盾规律，又认识实现和谐的规律。我们要解决理论和实践中存在的各种问题，就应该既会用矛盾分析方法，又会用协举方法。只有把矛盾思维和协举思维互补起来，才是真正全面的思维；把矛盾方法和协举方法互补起来，才能全面地认知事物。

1. 如何正确对待辩证法

（1）拓展完善辩证法

尽管唯物辩证法是极具指导地位的方法论，但也不可把它绝对化、极端化。绝对化是教条化的极端形式，是指像宗教那样把某种观念和理论看成唯一正确的，否认其可补充性，否认其可更新性，拒绝发展，拒绝更新。绝对化是对辩证法的指导力量的直接削弱，是对辩证法的直接贬值。为什么这样说呢？因为真理是相对的，只能在一定领域、一定阶段内正确；可持续的正确只能是紧随时代不断补充使之更正确。拒绝发展，拒绝更新，就不可能保持永远正确。"人应该在实践中证明自己思维的真理性——亦即自己思维的此岸性。"①

哲学的发展呈现着两种趋势：一方面它在不停地分化，从而呈现出多样性和具体性；另一方面它又不断整合，从而显现出丰富性和系统性。唯物辩证法原有的范畴和规律并没有穷尽对客观世界及其具体事物的最一般、最普遍的规律性认识。随着哲学体

---

① 马克思恩格斯选集：第 1 卷[M].北京：人民出版社，1995：58.

系的不断完善，各种哲学新范畴的设立、自然新规律的发现，唯物辩证法会不断地从具体上升到抽象。协举不仅在这个意义上使唯物辩证法从具体上升到抽象，更重要的是，协举所反映的是物质世界及其具体事物的整体的、系统的本质关系。它在一定程度上反映了物质世界及其具体事物的总关系本身，反映了客观世界及其具体事物普遍本质的全面具体性和完整系统性，即从事物的内部有机联系、从事物之间的外部联系来协举的系统地看待客观世界。这就进入了整体—分析—系统整体的协举思维阶段。因此，协举是抽象和具体的直接同一，是唯物辩证法的具体化。

（2）协举对辩证的深化

从理论发展的角度看，协举方法论是对辩证方法论的补缺，是对辩证法的一种系统性更新和深化。但协举方法论与辩证方法论又不可以相互替代。协举方法论拓展了辩证方法论的应用领域，研究对象由双方变为多方。协举方法论在辩证方法论对事物进行分析之后，通过对双方对立面的中介的探究，揭示事物从矛盾走向和谐的途径，使人们对事物的认识深入新的层次。

从实践的角度看，运用协举方法论应防止两种不良倾向：一是把协举方法论与唯物辩证法对立起来；二是依照唯物辩证法的思维惯性理解协举方法论。协举方法论认为，哲学应具有开放性。开放性是指可发展性、可补充性、可伸延性，既允许从根干枝花上纵向升高，也允许从筑牢地基上横向加宽，立体式地拓展。否则即会是，"整个历史还多么年轻，硬说我们现在的观点具有某种绝对的意义，那是多么可笑……"①。

　　从协举的角度看，人们对唯物辩证法的继承性发展从高度上纵向升高者多，从地基上横向加宽者少；纵向升高固然必要，但从根基上横向加宽更是必需，因为"头大脚小"是不稳定的，理论的完满有赖于基础的坚固，要强化基础的坚实性，就应该从根基上横向加宽。从根基上怎样横向加宽？综合以前章节简言之，即让辩证方法和协举方法在统一的基础上实现承接。

　　（3）怎样让辩证与协举统一

　　实践中做到让协举方法论与辩证法不相互矛盾，应注意以下十个方面的统一。

　　①矛盾分析与系统分析相统一，分析个体矛盾时用矛盾分析法，分析矛盾群、矛盾链时用系统分析法。

　　②矛盾分析与矛盾整合相统一，分析矛盾时用矛盾分析法，然而，分析过之后要用协举方法来整合。

　　③矛盾分析与系统调节相统一，分析整体矛盾时用辩证分析法，分析系统矛盾时要用和谐调节来分析。

　　④辩证分析与交叉分析相统一，想要透析矛盾，在辩证分析的同时，要注意相互交叉来分析。

　　⑤重点辩证与系统跃迁相统一，用矛盾分析法辩证出重点矛盾之后，要从系统跃迁的高度重新确定重点。

　　⑥对立独立与相对中立相统一，系统矛盾群由独立的、对立的、中立的三种要素合构而成，必须全面把握。

---

　　①　马克思恩格斯选集：第3卷［M］.北京：人民出版社，1995：456.

⑦冲突斗争与协同并举相统一，对立的矛盾在尚未出现斗争结果的时候本质是协同与斗争二象性并举。

⑧本质扬弃与导源传承相统一，矛盾的发展虽然是扬弃过程，但对旧事物的精华部分却是予以传承的。

⑨一元制胜与多元共赢相统一，制定具体措施的时候，不能选择以多方牺牲为代价换取一方幸运的战略。

⑩辩证关系与协举关系相统一，一个辩证系统与另几个辩证整体多元并存状态下，整体协举是系统之基。

2. 协举与辩证法的承接

由于协举方法论是对辩证法的补缺和升级，所以分析问题、辩论问题的时候，要把握好在什么地方运用辩证、在什么地方运用协举；在什么问题上运用辩证、在什么问题上运用协举。一般应该在思维框架里做好6个承接。

（1）辩证与协举的时间承接

时间承接问题实际就是什么时候运用辩证、什么时候运用协举的问题。在时间问题上，辩证法适应的是对立性的两极时间：早晚、先后、古今等；协举方法论适应的是交叉性的第三极时间。二者的差别在于协举方法论有一个第三方，如早中晚，晚中早；先中后，后中先；古中今，今中古等。早中晚，晚中早，是早晚的交叉；先中后，后中先，是先后的交叉；古中今，今中古，是古今的交叉。

（2）辩证与协举的空间承接

空间承接问题，实际是指什么地方运用辩证、什么地方运用协举的问题。

辩证法更多地适应于无限的、开放的空间，协举方法论更多地适应于有限的、相对封闭的空间，二者的差别在于协举方法论在辩证法拓展、规定的空间之内能够构成回路；能进能退，并且能够依照原路返回。而辩证法由于是两点，难以形成立体循环。从数学、几何学可知形成立体循环，数量上至少要到3，2只能形成平面往复。

协举方法论承认绝对性，是在辩证系统原理的规定之内。比如，地球围绕太阳运转，而不是太阳围绕地球运转；物质派生精神，而不是精神派生物质等就是辩证内的绝对性。承认辩证内的绝对性就把开放与封闭统一了起来：封闭原理并非一文不值的无效原理，离开封闭性，开放就变得毫无意义。"它们是自然界自组织的明证：它们代表在所有远离热力学平衡的系统内都碰得到的那种秩序，不管这些系统是有生命的，还是无生命的。"① 因为正是封闭将开放的绩效托管起来、制约起来、规定性地捍卫开放的成果。这是机械空间概念中的例子。在灵活性的能动的空间概念里，封闭也有它的特殊地位：在两点论与重点论的辩证中，对相对的两点，我们必须锁定其中的一点才能够将重点论贯彻下来，落实到位；而锁定便是封闭原理在起作用。

协举与辩证的空间承接是：无限、开放、拓展是需要辩证的

---

① ［美］E. 拉兹洛 . 系统哲学演讲集［M］.闵家胤，等译 . 北京：中国社会科学出版社，1991：50.

地方，有限、封闭、锁定是需要运用协举的地方。两极、单极是需要辩证的时候，交叉是需要运用协举的时候。

（3）辩证与协举的宗旨承接

宗旨承接问题，实际上就是对什么需求运用辩证、什么需求运用协举的问题。

辩证法适用的宗旨更多是兼并、独胜；协举方法论适用的宗旨主要是双赢、和谐。二者的差别在于对折中与调和的运用问题。以求得我方兼并他方、战胜他方为主要宗旨时运用辩证法，这时没有任何调和的余地，不搞折中主义；而复杂的矛盾群或矛盾则是需要调和的，折中在实践上也是屡见不鲜的。协举不排斥调和与折中，甚至利用调和与折中实现双赢目标，使复杂无序的矛盾群达到和谐。

协举与辩证的宗旨承接是：旨在求兼并、独胜时需要辩证，旨在求得双赢、和谐时需要运用协举方法论。

（4）辩证与协举的逻辑承接

逻辑承接问题，实际就是对什么思维运用辩证、什么思维运用协举的问题。

辩证逻辑不是关于思维的外在形式的学说，它研究的是概念的矛盾和转化，正如恩格斯所说："深入大众意思的辩证法有一个古老的命题：两极相连。"[①] 辩证逻辑是作为现实的矛盾运动在人的思维运动中的反映形态，是由人对世界的认识的历史总和与结论考察得来的。它认为具体概念及其展开的逻辑范畴体系是把

---

① 马克思恩格斯选集：第 4 卷［M］.北京：人民出版社，1995：290.

握具体真理的形式，各种不同的判断和推理形式并不是互相平列的，而是同人类认识的历史发展相联系，并从低级形式中发展出高级形式。它要求人们客观地而且全面地看问题，从事物的发展变化中对具体事物做具体分析，即要求分析和综合相结合，归纳和演绎相结合，逻辑的方法和历史的方法相结合。

而协举方法论是关于思维的虚拟模型的学说，它研究的是概念的非矛盾和现实的矛盾之间的转化，是现实的矛盾运动在虚拟框架思维运动中的反映形态，是作为人对世界走势的认识的全息对应考察得来的。协举方法论认为围绕一定框架概念而展开的虚拟框架是把握预估矛盾走势的运算形式。虚拟的框架逻辑从不同的侧面以不同的方式研究矛盾，揭示不同系统的矛盾规律，各有其不同的思维方式，虚拟框架方法不受常规的思维所约束，不用已知的矛盾形式推理未知的矛盾，这样更能够从思维上避免主观主义。

辩证逻辑适用于已知的矛盾运动，即规则性、确定性矛盾；协举方法论适用的是未知矛盾运动，即非规则性、不确定性的矛盾。二者的差别在于精准性。对未来走势，辩证逻辑只给出向对立面发展，协举逻辑能够更明确地给出点位。

协举与辩证的逻辑承接是历史、现实、规则是需要辩证的逻辑，走势、不定需要运用协举逻辑。

（5）辩证与协举的领域承接

领域承接问题，实际是指在什么领域运用辩证、什么领域运用协举的问题。

辩证法适用的是本质与现象的测评查考；协举方法论适用的

是本质与现象的导源与归宿。二者的差别在于本质与现象的对立统一是相对的，但导源却是绝对的。现象是本质的现象，而本质是导源的现象，对本质现象的辩证根本是没有办法预见事物的归宿的。但客观实践告诉我们，只有能明晰事物的导源，预见事物的归宿，对事物的认知才算彻底。

协举与辩证的领域承接是现象、本质是需要辩证的领域，导源、归宿是需要运用协举的领域。

（6）辩证与协举的问题承接

问题承接问题，实际就是对什么问题运用辩证、什么问题运用协举的问题。

问题承接也可称为知向承接。什么叫知向？知向是要知道的求知方向。例如辩证的知向是矛盾，辩证法适用的是矛盾问题；协举方法适用的是矛盾群问题。二者的差别在于对矛盾辩证时，只有对立，没有中立、独立等的概念；而在对矛盾群辩证时，对立、中立、独立都是存在的。西方影响较大的一种社会科学的方法是价值中立论，包括实证主义价值中立论、系统化的价值中立论。这一方法的实质是研究主体在依据自身的主观愿望选择了所要研究的问题之后，客观地描述关于问题的全面资料和对这些资料进行分析所得出的结论，它悬置自身价值，只进行事实判断，不进行价值判断，无论这些资料和结论是否与研究主体、社会或者他人的价值观念相冲突、相对立。这种社会科学研究方法不仅在西方长期占据主导地位，近年来对我国社会科学研究方法也有很大影响。

虽然没有绝对的中立，但过程中的中立、现象中的中立却是很普遍的；如果你对你研究的问题的结局不感兴趣，你就不需要协举的中立辩证；如果你非常想了解甚至想提前预知事物的结局，那你就需要用协举的预估方法。

协举与辩证的知向承接是对立、统一是需要辩证的问题，而独立、中立则是需要运用协举的问题。

3. 协举方法解物质定义

列宁认为，"哲学的根本任务是探究存在的自身的泉源"，关于存在的自身的源泉是上帝还是物质，列宁坚持"世界的真正统一性在于它的物质性"，物质就是"客观实在"。从唯物主义一元论出发，物质定义必须是包罗万象的，才能涵盖一切：在过去阶段应能涵盖精神、意识、思维、灵感，在现阶段要涵盖虚拟、信息类概念，还要尽可能地涵盖在将来阶段可能出现的新物质，尽管有的新物质在现在看来多少有些科幻。

把一切矛盾及所有存在都协调起来的物质，才配称万物之"母"。因此，我们必须确立广义上的物质概念，否则，仅以主观可以"复写、摄影、反映"来规定物质，无疑把物质的本领看得太弱小了，好像物质的一切奥秘，人都是可以"复制、转录"的。试想，物质连宇宙都能"运动"出来，"坍缩"回去，人类凭什么对宇宙的"爆炸"进行复写、对宇宙的"坍缩"进行摄影、对宇宙的永恒不灭进行反映？如果据现有的物质定义来解释物质世界，就无法探究清楚物质世界的起源，也无法理解发展的永恒性、变化的不断性等问题，继而引出起源时间、发源空间、归宿时间等一系列难以解答的疑问。显然，我们过去给物质下定义时把物质看得过于简单。也囿于科技发展程度，我们过去对物质的概念"物质是标志客观实在的哲学范畴，这种客观实在是人通过感觉感知的，它不依赖于我们的感觉而存在，为我们的感觉所复写、摄影、反映"，是一种关于反映式的定义，而不是从物质本身进行定义的。

宇宙是永恒的，物质的统一性也是永恒的，永恒即无源无宿、无始无终、无先无后、无大无小、无生无死。把统一性理解成本原性，是对物质的永恒的无知，是把意识的本原性与物质的无源性模糊起来看待的结果。

为了把唯物主义一元论贯彻到底，我们需要将物质概念扩展丰富，使物质成为真正的世界本原。在给物质下定义时，既应坚持物质一元的统一性，又应把物质本来的特性描述出来，实事求是，同时为了恒久的是，也要注重适时纠是。

那么，如何把物质概念扩展，使其丰富、全面起来？首先要用创新的思维。当今世界所有的思维方式归根结底是两个：一是辩证思维，二是形而上学。想给物质下个更宏观、更广阔、更深远、更立体的新定义，应采用"交叉辩证+换位辩证+循环辩证=协举认识"的思维方式。

协举思维将绝对、相对问题放在鼎对中考察，将主要、次要问题放在必要中考察，将共性、个性问题放在特性中考察，将本质、现象问题放在导源中考察，最后把斗争、协同问题放在公奉中考察，同时注重对"非争非让态势""非敌非友关系""非进非退状况""非左非右方向""非内非外层面""非胜非败和局"等的分析。协举思维方式跳出了凡事必矛盾的狭小圈子，站在了矛盾的本源来思考问题，只有这样的思维方式才能将物质概念扩展至其应有的广度。

首先，我们要把物质看成活的，处在不断运动中的、活的存在。死的物质是活的物质的终极状态。把物质整体的自然界以及宇宙都看成活的，这样才能理解意识与物质的统一性，因为只有活物质才能生出活的生命。协举方法论认为，原有物质定义狭义在一个"活"字上，即容纳不了活的东西，尤其是精神。基本上可以说原有的物质定义是指死物质。明明知道精神是物质派生的（存在决定思维），为什么只强调精神与物质的对立性，不注重精神与物质的统一性呢？

其次，当我们以物质统一性原理为前提去看待宇宙时，必须把物质看成一个无所不包、无所不有、无所不容、无限发展的"自源性"为基、"母源性"为本的具有"派生性"的"万能体"①。只以客观实在性来规定物质，就无法理解其派生性与多样性。承认宇宙存在的多样性，既要承认实在，也要承认虚在，"实存""虚在"都是现实的存在。现在的"虚在"，随着科技的发展，以后可能转化为"实存"。

再者，给物质下定义时，要注意逻辑前提的协调自洽。既然物质是一切的本原，那它就必然要包含一切。

在协举方法论的"活物质"观下，广义的物质概念可以描述

---

① 用自组织理论来描述，自源物即自产生、自协调、自洽在的物质。母源物能派生别物、他物，但不能够孕生自己；自源物能够自己诞演自己，并把自己演成别物，而不是派生、孕生出别物。

为：物质是派生一切存在的无限种源。这个无限种源是可持续自洽"制恒"的，它不依赖于任何的他力而推动，为世界多样性提供能量、意识、信息。

物质是自兴一切存在的无限母源。这个无限母源依可持续链洽恒代谢，它不依于任何外力而演变，化泛有的宇宙归能量、意识、信息。简练的活物质定义即自甦源宿——自有、自兴、自洽、自恒、自代谢的源宿自统一。以协举方法论看，给物质一个更为准确的定义："物质是能量意识化的信息源。"因为一切存在皆具有能量，发散信息，被认识时在认识者中形成意识。在被认识时，正是物质材料所含的能量，通过发散信息，在认识者中形成意识的过程。原有的物质定义是对认识结果的描述，新的物质定义是对物质本质的描述，并明确指出了物质的具体作用要素及相互关系。

这个广义的物质定义，与原有的物质定义相比有四大差别：第一，不仅包括了"客观实在"的东西，也包括了"主观虚存"的东西；第二，不仅包括了"人通过感觉"能够感知的东西，也包括了"人通过感觉"不能够"感知"的东西；第三，不仅包括了"不依赖于我们的感觉而存在"的东西，也包括了"依赖于我们的感觉而存在"的东西；第四，不仅包括了"为我们的感觉所复写、摄影、反映"的东西，也包括了不"为我们的感觉所复写、摄影、反映"的东西。不管是"实""虚"存在，还是"潜""显"存在，不管是"广""寡"存在，还是"久""暂"存在，不管是"昔""今"存在，还是"未""永"存在等一切"死"的、"活"的、"还"的存在，统统是物质的范畴。

在广义"活物质"的概念里，"客观实在"的东西，如大千世界、无限星空等是物质存在，而"主观虚存"的东西，如创新灵感、梦幻呓语等也是物质存在；"人通过感觉"能够感知的东西，如山川江河、锅碗油盐等是物质存在，"人通过感觉"不能够"感知"的东西，如暗物质场、星系孕程等也是物质存在；"不依赖于我们的感觉而存在"的东西，如笔纸鼠标、风霜雨雪等是物质存在，"依赖于我们的感觉而存在"的东西，如梦中飞花、喃喃枕语等也是物质存在；"为我们的感觉所复写、摄影、反映"的东西，如磁电光热、春花夏雨等是物质存在，不"为我们的感觉所复写、摄影、反映"的东西，如尸骨感受、地球归宿等也是物质存在。不过是有的是"实"存，有的是"虚"在；有的是"显"存在，有的是"潜"存在；有的是"广"存在，有的是"寡"存在；有的是"久"存在，有的是"暂"存在；有的是"昔"存在，有的是"今"存在；有的是"未"存在，有的是"永"存在。可以看到，只有广义"活物质"概念才能将物质一元论坚持到底，才能在唯心主义面前，百密而无一疏。

活物质本身是三一结构，即能量、意识、信息三位一体。材料是物质的实在结构，能量是物质的间有结构，信息是物质的虚存结构。可以从以下几方面进行理解：

①物质是一切存在源（因为能、意、息共通）。

②物质是客观实在的（因为主观可区别）。

③物质是精神可测的（因为它发散信息）。

④物质是可以改造的（因为它存在结构）。

⑤物质能够派生精神（因为它自介自洽）。

⑥物质含三个要素（能量、意识和信息）。

⑦物质有三个互补：能量与信息互补，信息与意识互补，意识与能量互补。

⑧物质演变反映是三个第一：从联系论，信息第一；从发展论，能量第一；从变化论，意识第一。提示人们，若要联系时，先收集信息；若要发展时，先汇聚能量；若要变化时，先确定意识。

⑨物质要素之间相互为媒：信息是能量与意识的中介，能量是意识与信息的中介，意识是信息与能量的中介。

⑩物质运动循层向标：信息向意识作用，意识向能量作用，能量向信息作用。

二、协举方法论的交叉纳异

在现实实践领域，协举方法论的具体操作是多元相交叉，通过纳异实现质的跃迁。

交叉意味着需要协调、协作；跃迁是指以并举、互举的形式向上发展（并举是指两方或多方同时向上发展；互举是指两方或多方相互促进他方向上发展）；纳异是指接纳异己。从系统的角度看，系统整体跃迁的前提是：任何一方都通过与其他方的联系，在相互渗透、相互融通中发生跨越性发展。

简单来讲，交叉就是矛中有盾、盾中有矛，交叉才产生新事物。在这个过程中，最重要的实践环节就是纳异。纳异并非仅仅容纳、包纳足矣，因为容纳、包纳只是允许或容忍不同于自己的事物存在，真正的纳是主动接纳、悦纳，从异己中寻找自己新的发展方向：从互补式异己中拓展自己的作用范围，从对立式异己中补充自己的优势。

互补式异己能够引发"见贤思齐"效应。矛盾中的各方出于对彼此的"尊重"，给予对方充分的发挥功能的空间，达成多元因素各就各位、各司其职，共同为一个目标努力。例如，团队运作离不开三类人才，即将才、相才、帅才，每一类人才的作用都无可替代，三者密切配合，才能让任何一方的作用都发挥完全，保证团队利益的最大化。

对立式异己给予系统跃迁的冲击最大。多元系统中的一方或几方以对立的形式打破系统原有秩序，促进系统从结构上进行升级。"忠言逆耳利于行"就是这个道理。对立式异己提供的完全是自己想不到的角度，对自己造成颠覆性打击，自己要想持续发展下去，需要主动汰去原有优势。因为凡是发展到尽头的优势，都是需要淘汰的优势。只有将之彻底汰去，才有下一步发展的可能。从这个角度看，处处统一恰恰是妨碍自身更新、代谢、升级的最大阻力。

当我们的思维站在纳异的高度时，会对排斥、对立、斗争、冲突、扬弃有新的演绎和谐（演和）的理解：排斥是另一种形式的"求聚"演和；对立是高一个层次的"求整"演和；斗争是下一步发展的"求同"演和；冲突是上一段经历的"求果"演和；扬弃是再一程态势的"求纯"演和。

排斥之所以是一种演和，是因为排斥只是一种表象，实质是事物的"新我"在召唤其"相聚"时遇到了抗拒。例如，一个人如果真正有自信，那么无论遇到怎样的试炼、训练、修炼，都只会当成考验，不会动摇自己的决心。排斥逆境的人恰恰说明自信中掺水，出现排斥时应该立刻警醒，是真正的自信在向不够自信的自己"招手"。

对立的演和诀窍在于：凡存在对立，必定不够完整。从协举方法论的角度看对立，对立是在提示事物本身趋向完整的需求。善恶是两极对立的一对矛盾，一般来说，好人的办法总是没有小人多，因为小人行事无底线。好人如果被小人气得发疯，我们再同情也无用。通过与小人过招，机灵的好人会让自己突破自身局限，不断开发更完整的思维、方法、能力，用新思路、新办法解决困难，跳过善恶对立层面，进入化敌化恶的慈祥，这才是善应有的回报，即化恶为善。

斗争是以矛盾中一方利益最大化为追求目标，一方力求战胜另一方。从协举方法论看来，斗争的走向取决于矛盾双方是否拥有共同的"公奉"。公奉是指矛方与盾方有一个共同的服务对象，谁能够支撑矛盾的可持续发展，谁就是公奉。一个没有公奉点的矛盾的发展，它的归宿只能是同归于尽；为了避免你争我斗的消耗、同归于尽的结局，必须选择献力于双方共同利益。从20世纪两大社会形态之间的斗争结果可以看到，两种截然不同的意识形态也可以在下一步发展中联手，中美合作就是最好的证明。

对冲突的协举理解是：在历史发展阶段中，系统中的某一要素或某几个要素的发展与系统整体不相匹配，落后或超前到一定程度，与系统中的其他要素互不相容而发生干扰。因此，当出现冲突时，应从系统发展的上一段经历中寻找原因，对这些要素进行重新调整，进行与当下状况相匹配的结果安排。在当今中国社会，历史遗留问题是重大社会系统冲突之一，冲突宜疏不宜堵，解决这些问题，需要加速相关政策、制度的配套进程。

扬弃之所以是再一程态势的"求纯"演和，是因为凡是意在可持续发展的事物都需要升级。在通常的概念中，会误以为升级是空间概念，事实上，升级是升级者质量改观，该淘汰的淘汰，该发扬的发扬，才能提纯出更符合走势发展的宜传承因素，保证发展而不丢失原种。中华传统文化复兴可借鉴这一原理，复兴并非复古，尤其是古代文化中的形式部分对于现代社会来说不少已过时，生硬照搬反而会丢失其真正的文化内核。传统文化的当代复兴应着眼于沿着中华文脉进行"创兴"，在创新式运用中振兴文化原种，使中华优秀文化再次兴盛起来。

可见，排斥纳异等于排斥完整。期盼让对立面消亡的想法是幼稚的，图谋让对方永远听命的思路是荒唐的，意欲斗出威严争得霸权的理念是可笑的。

主动的发展不是孤芳自赏、一枝独放式的发展，而是在不断纳异中充实、完善自身。所以，智者常与反方为伴。

三、协举方法论的现实应用

协举方法符合用一个国策调节千般社会矛盾的可持续发展需

求，其现实意义在于以一种新的视角达到对现实中国实践的协举理解。它倡导的"创和"战略，从理论指导上避免了人们的盲目实践，增强了人们对"创新再创新"的深层次理解，促进了人们的自主创新能力快速、全面、稳步提升。

协举方法论的提出，其现实意义在于以一种新的视角达到对现实中国改革的协举理解，以图寻求解决社会矛盾的新途径，进而为社会的和谐、创新和可持续发展提供参考性思维模式。习近平在中国科学院第十七次院士大会、中国工程院第十二次院士大会开幕会上发表重要讲话强调，我国科技发展的方向就是创新、创新、再创新。要坚定不移走中国特色自主创新道路，坚持自主创新、重点跨越、支撑发展、引领未来的方针，加快创新型国家建设步伐。① 自力更生是中华民族自立于世界民族之林的奋斗基点，自主创新是我们攀登世界科技高峰的必由之路。

发展的本源是创新。从协举方法论分析，创新是一个系统结构。习近平同志强调，实施创新驱动发展战略是一个系统工程。要深化科技体制改革，破除一切制约科技创新的思想障碍和制度藩篱，处理好政府和市场的关系，推动科技和经济社会发展深度融合，打通从科技强到产业强、经济强、国家强的通道，以改革释放创新活力，加快建立健全国家创新体系，让一切创新源泉充分涌流。

当今时代，我们需要以"赏新养新促创新"。创新与赏新、养新构成了一个协举的模式，从而达到创新的可持续目标。赏新、

---

① 习近平. 坚定不移创新创新再创新　加快创新型国家建设步伐［N］. 人民日报，2014-06 -10.

养新、创新是"一主二基"结构。其中，创新是主导方，赏新和养新分别是围绕主导方作用的两个基点。

创新
⇅
赏新 ⇌ 养新

"赏新"意味着对创新的宽容和欢迎，意味着不怕失败，尤其是由创新带来的失败，不应该指责，而是应当鼓励和支持。赏新，一个观念的调整即宽容因创新带来的失误，反对的是因不愿犯错而不去创新。超越对与错，不以成败来判断对与错，而是以可持续的眼光来评判。赏新才能生出敢于担当、勇于超越、找准方向、扭住不放、敢为天下先的志向和信心，敢于走别人没有走过的路，在攻坚克难中追求卓越。正如习近平同志指出的那样："我们要尊重人民首创精神，在深入调查研究的基础上提出全面深化改革的顶层设计和总体规划，尊重实践、尊重创造，鼓励大胆探索、勇于开拓，聚合各项相关改革协调推进的正能量。"① 这也是国家现在推行容错机制的理论原因。

从全社会的氛围塑造来看，赏新的氛围首先来源于文化的自主性。若文化不自主，便有可能成为思想型殖民国、精神型赖他国、意识型厌我国。一言以蔽之，成为以依赖心理为基础的文化殖民地。外来文化冲击传统文化、人才外流等问题随之而来。因此，赋予知识文化界人士以自主创新性，是构建创新型国家的客观要求。只有文化自主，才能广开思路。广开思路是创新的泉源。

---

① 习近平. 增强改革的系统性整体性协同性　做到改革不停顿开放不止步［N］. 人民日报，2012-12-12.

"百花齐放""百家争鸣"实现得越彻底越全面，离建成创新型国家越近，也有利于尽快形成全民赏新的文化氛围。

"养新"意味着对创新给予实际的培育。创新培育的对象是人，人民是国家的主体，人才是创新的主体。人是社会发展的真正创造者和推动者，尤其是在科技大力发展的今天，人才和人的创新能力成为社会经济发展的根本力量。人力资源成为第一资源，人在改造外部世界的同时，自身也得到提升和发展。以"人"的发展为目的和以"人"为手段是协调并举的，在一切工作中越是把提高人民群众的福祉当作社会发展的目的，让发展的成果惠及全体人民，就越能激发人民群众进行社会建设的积极性和主动性，越能创造更多的物质和精神财富，并反过来促进人更快、更健康、更全面的发展。习近平同志指出，创新的事业呼唤创新的人才。实现中华民族伟大复兴，人才越多越好，本事越大越好。

创新再创新，就要在人民中培育大批富有创造精神和创造能力的人才，尤其是青少年人才。这样才能掌握创新的自主权、主动权。习近平同志指出，知识就是力量，人才就是未来。必须在创新实践中发现人才、在创新活动中培育人才、在创新事业中凝聚人才，必须大力培养造就规模宏大、结构合理、素质优良的创新型科技人才。要把人才资源开发放在科技创新最优先的位置，改革人才培养、引进、使用等机制，努力造就一批世界水平的科学家、科技领军人才、工程师和高水平创新团队，注重培养一线创新人才和青年科技人才。

赏新、养新、创新的三者关系正是"主基"关系。赏新、养新、创新三者不是矛盾的，是协举的，正是因为赏新和养新的存在，才能保证创新再创新，保证创新的可持续。创新要出结果，首先要有赏新的态度，其次要有养新的支撑，在这三者的关系中，"创新"为主，"赏新、养新"为基，两个基点方服务于主导方，以主导方为目标，主导方依靠于基点方，以基点方为手段，主导方与两个基点方之间相互影响、相互促进：三者所形成的整体以主导方的方向即创新为整体方向，这意味着在规定整体方向的同时，也规定了两个基点方的方向，即赏新的前进方向也应指向创新的结果，不符合创新的赏新方向必定不是赏新的前进方向，不符合创新方向的养新要求必定不是我们的发展要求；赏新与养新也互相影响，只有赏新的态度才能有实质养新的举动，只有养新的举措才能激发出更大的热情去赏新。明确两个基点方之间的关系，对于我们在实际操作中界定赏新与养新的具体做法，具有直接的指导意义，从而做到创新的可持续——创新再创新。

我们用协举思维来审视社会的各个方面的创新时，就会发现，运用协举方法能够更容易指导人们用创新的方法实现社会新和谐，达到各方共发展。

1. 人与自然的和谐

协举观点认为，人类不仅是改造自然，更重要的是做到与自然和谐，即我们必须把人的创造，建立在不破坏生态、最大化利用生产资料的条件下实现与自然的协举。以往人类总是有意识或无意识地从自我利益出发，试图仰仗自己发达的理性，保持着对自然界的绝对支配地位和攫取地位，对大自然的资源进行无休止的开采，从而使人与自然的关系被破坏。但人类要想真正走上可持续发展之路，必须与自然协调并举。人们在强化自己主体性的同时，把自己的利益也绝对化了，忽视了自然本身可持续的问题。从自然与人的产生历史看，地球有46亿年的历史，人类的历史只不过几十万年，人类只是自然漫长历史链条中的一环，只是过客、客人而已。人类如果想使自然正常地存续下去，自身也在必需的自然环境中生存下去的话，归根到底必须和自然协举共存。这也是近年来，党和国家高度重视生态环境的原因所在。

解决问题的出路在于实现人自身的认识和改造，转变思维定式和行为方式，用和谐的眼光看待自然和人，实现模式的改变、理念的更新，即从"仅仅向自然攫取"的人类模式，转变到"人是大自然的一部分，应与自然和谐相处"的协举发展模式。

2. 人与社会的和谐

和谐一直是人类追求的基本价值。和谐有序、天人合一、和衷共济、政通人和、和睦相处、友爱互助等，既是东方人追求的"大同世界"，也是西方人向往的"理想王国"。马克思主义所追求的共产主义社会是人类迄今为止最理想的和谐社会。根据马克思的设想，在共产主义社会，阶级差别、城乡差别、工农差别完全消灭，私有制和社会分工带来的不平等和社会冲突不复存在，人性得以自由全面发展和彻底解放，人们的创造力得到空前提高并获得充分展现。

用辩证的观点来看，人与社会的发展是对立统一的，涉及集体利益与个人利益的关系、共性与个性的关系等问题，处理不好，就会形成诸多矛盾，造成个人剥削社会资源，或者社会压抑人的个性和创造性等冲突，很难保证人与社会的长期和谐发展。用协举的观点来看，人与社会的发展目标是统一的，社会进步有利于人的更好发展，人的发展有利于社会进步。这里重要的是要扭转一种观念，即人和社会的发展是建立在二者根本利益一致这个平台之上的。社会好比系统，个人好比系统中的要素，系统应该允许要素的多样性，要素应该保证为系统发展贡献自己的力量，这样系统和系统要素才都能够更好地发展，即个人应该为社会积极贡献力量，社会应该为个人积极创造条件，这样二者就实现了共同协调发展。这也是我们党始终强调"以人民为中心"，使人民群众有更多的获得感、幸福感、安全感的原因所在。

3. 人与人的和谐

马克思、恩格斯在《共产党宣言》中明确指出："代替那存在着阶级和阶级对立的资产阶级旧社会的，将是这样一个联合体，在那里，每个人的自由发展是一切人的自由发展的条件。"[1] 每个人的自由发展是一切人自由发展的条件，这充分体现了人与人的和谐相处。

和谐社会是一个多样化并存的社会。在市场经济规则的作用下，人们的创新能力的差异，表现在社会利益分配上，会在城乡

---

① 马克思恩格斯选集：第 1 卷 [M].北京：人民出版社，1995：294.

之间、地区之间和个人之间造成不同程度的分化。不同的利益群体不仅有经济上的不同要求，必然也会产生出不同的文化要求和其他社会要求，这就势必要求增加人与人之间的协调性，才能保证人与人的和谐相处。但和谐不是统一，我们不能通过要求人与人一致来避免冲突。用辩证的观点看，人与人之间的关系只有两大类，或对立或统一，而事实是，人在复杂的人际关系中往往同时充当着多重的身份和角色，能够促导人实现和谐的关系不是彼此间的对立统一关系，用协举的观点来看，它是一种以互补性为主导的关系。因为只有站在互补的角度，人与人之间才能保持良性竞争，互相协作。

在合作中，人与人之间可以根据具体情况，在不同的关系中，处于不同的主基关系，在这种协举模式下实现共同发展。例如，在单位是领导，处于主的位置，同事处于基的位置；在家里是丈夫，可能处于其中一个基点的位置，孩子处于主的位置等。创新是和谐社会的当代主体特征，和谐社会应该是在创新的平台上，人人竞创、个个奉创、大众崇创的只有冲突现象而无冲突本质的和谐社会。

4. 人的身心和谐

首先，人的生存是以人的物质生存为左基，这是人存在的前提和基础条件。其次，人的生存是以人的精神生活为右基，这是人的积累与体验的过程，即重视人的知识和精神追求的愿望与权利。这两个方面协调起来就是人的身心和谐。用辩证的观点来看，要协调二者就要处理好二者之间的关系，但是这并不容易做到，因为在很多时候，人的物质享受与精神追求的方向往往并不完全相同。而用协举的观点来看，处理二者的关系，应考虑第三方，这就是以创造力提升为本，即以人的创造力提升为根本，这是人的价值发挥和自我实现过程的最高表现。在这三者之中，创造力提升是最为重要的，是根本中的根本，是三者中的主导方，其余两者物质享受、精神追求是两个基点方。它们的关系如下：

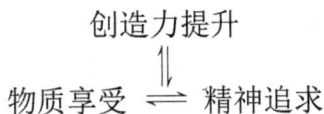

$$\begin{array}{c} 创造力提升 \\ \Updownarrow \\ 物质享受 \rightleftharpoons 精神追求 \end{array}$$

当创造力提升，必然创造出更优越的条件满足物质享受，精神也更加愉悦。同时，也规定了只有有利于人的创造力提升的物质享受才是我们应该提倡的，只有有利于创造力提升的精神追求才是我们应该鼓励的。这对于我们创造什么样的环境，做好哪些，不做哪些，以及提高人的创造力具有直接的指导意义。

5. 社会发展目标的和谐

从立体层次来看，和谐社会是总的发展目标。这个总目标涵盖的是一个目标体系，因为不同领域的具体和谐要求不同，事物不同发展阶段的和谐要求也不相同，要想达到总体和谐，就必须在制定发展目标和规划时，使各发展子目标相互和谐，这就要运用协举的方法。

6. 社会理念的和谐

实现社会和谐不是一种硬性的规定，而是社会可持续发展的内在要求。所以，构建和谐社会不能只注重社会发展的外在和谐，还要注重人们思维领域的内在和谐。只有人们的思维方式和谐了，他们的观点、理念和行为方式才能和谐。实现思维、理念和谐的根本方法，就是更新思维方式，学会用协举思维思考问题。人们思维中和理念上的和谐才能保证人类社会的可持续和谐。

7. 社会实践的和谐

不和谐的实践方式无法达到和谐的效果，正如粗放式生产无法达到资源的高效利用和避免环境污染一样。和谐的实践要求多种实践方式、多种实践手段、多重实践工具互相配合，这同样要求我们运用协举方法论。

8. 社会产品的和谐

社会产品既包括物质产品，又包括精神产品、智能产品，既包括有形产品，又包括无形产品，既包括经济产品，又包括文化、艺术产品等。社会产品用于社会积累和消费，社会产品的和谐性极大地影响着社会下一阶段的发展状况。所谓社会产品的和谐性，是指社会产品所体现的内容、蕴含的信息、附加的价值等方面都是积极向上的，倡导和谐进步的，而不是消极的、伪劣的、诱导不良行为和习惯的等。社会产品不和谐会导致很严重的后果，比如，假冒伪劣产品的存在，侵犯知识产权的盗版产品盛行，含有消极颓废、暴力情节的文字、影视产品等都会严重妨碍和谐社会的构建。要把和谐的理念、协举的思维融入和谐社会的各类有形、无形产品中，通过产品消费，使创造和谐的思维更深入人心，创造和谐的行动更加自觉，真正实现可持续创新的目标。

实现创新的可持续，不但要运用辩证思维和辩证方法，还要运用协举思维和协举方法。协举方法是实现创新的手段，协举思维是构建创新的工具，二者都以实现可持续创新为目的。而协举的一主二基模式，是实现创新的具体路径和方式。只有把协举思维和协举方法应用到建设创新型国家的各个方面和各个领域，才能为创新型国家的建设提供有效的理论指导，真正早日建成创新型国家。

四、协举方法论范畴鼎示例

在哲学研究中，抽象化程度愈高，愈能反映出客观事物的本质，所得到的定理、规律及原理等思维成果就愈有更加广泛的使用价值。

从协举方法论的一主二基思维出发对事物进行抽象就会发现，事物的一个主体、两个基点呈现三方鼎对式的关系，形成范畴鼎对模式，简称范畴鼎。① 对范畴鼎进行认知和把握，更有利于我们对协举方法论的实践运用。

---

① 协举方法论有一系列范畴鼎成果，本书仅对其中一部分及其应用进行阐述。

（1）对立，统一，互补。

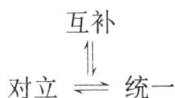

$$互补 \\ \Uparrow \\ 对立 \rightleftharpoons 统一$$

这是一个描述事物之间相互关系的范畴鼎。

对立和统一是我们已知熟悉的哲学范畴。人们习惯于用非对立即统一的思维去描述两者之间的关系。事实上，随着人们对中间阶段、中立群体的认识越来越多，人们越来越认识到，除了对立与统一，两者之间的关系更多地表现为互补，因差异、相异而体现为互补。事实上，我们可以把对立与统一看作互补的两种极端状态，立场完全不同时体现为对立，立场完全相同时体现为统一，更多地体现为由相异而表现出的互补。所以，对立和统一本质上都是为互补服务的，无论是对立还是统一都是以互补为终极目的。明了这一点，当人们面对对立时，就能更加豁达地面对；面对统一时，也不易因完全一致而自满自大，而会不断朝着互补的终极目标不断完善。

（2）现象，本质，源宿。

$$源宿 \\ \Uparrow \\ 现象 \rightleftharpoons 本质$$

这是一个描述现象、本质和导源归宿之间关系的范畴鼎。

从现象到本质事实上都由源宿规定，即事物来自什么样的导源，最终要走到何种归宿，决定了事物表现什么样的现象，反映什么样的本质。当然，也可以反过来讲，即通过什么样的现象和什么样的本质，我们追溯到它来自哪一层的导源，最终走向什么样的归宿。事实上来自什么样的导源，决定了事物会表现哪一层级的现象；而最终走向什么样的归宿，也决定了事物表现哪一层级的本质。

这之间有一个对应关系，两种关系可以互推。比如说有什么样的现象和本质，我们可以反推到它有什么样的导源和归宿。相反如果我们明确、明了有什么样的导源和归宿，也能够确定地知道它会有什么样的现象和本质。当然对于我们实现对未来的把控来说，我们更多的还是要通过现象和本质来探究事物的导源和归宿，尤其是探知事物的归宿。人们可以通过现象和本质，首先探知事物的导源，最终判准事物的归宿。

（3）形式，内容，公奉。

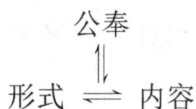

$$公奉$$
$$\Updownarrow$$
$$形式 \rightleftharpoons 内容$$

这是一个描述事物的内在内容和外在表现以及它们之间关系的范畴鼎。

形式跟内容事实上都由公奉来决定。公奉即共同献与。类似于平常讲的宗旨，共同指向的目标。也就是说事物的外在形式和内在内容，都以它的公奉为宗旨，都由它共同最终追求的目标所决定。外在表现什么样的形式，内在填充什么样的内容都由它最终指向的目标决定。当一个事物的公奉变了，它的内容和形式也会做出相应的变化。相反，当内容和形式发生了变化，它所指向的公奉也自然会发生变化。

将之运用在指导我们人自身的发展上，人一生的目标，应该在于提高人自身的水平、素质、境界，实现自身的全面发展。在人自身发展过程中，需要通过参与社会劳动，读书学习，实践体悟，实现人的逐步发展和完善。这样看来，人们就会明白，无论从事什么样的工作，工作是每个人选择的锻炼、提升自我的形式，其内容都是在锻炼、提升自身的内在素质，比如正直、善良、坚毅、包容等优秀品质。目标指向要成为更加完整、全面、高素质、高境界的人。这时，为国家、为社会做贡献，为他人服务会成为一种行动自觉。这是作为一个人应该实现的，应该指向的公奉。那么他的表现形式以及他所从事的内容都应该服从于此。

（4）相对，绝对，鼎对。

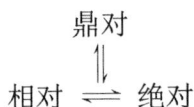

$$
\begin{array}{c}
鼎对 \\
\Updownarrow \\
相对 \rightleftharpoons 绝对
\end{array}
$$

这是一个描述事物之间相互关系的范畴鼎。

两者相比较而言称为相对，或者说局限于一定时空之内称为相对，一个特定的区域内、时空范围内我们称为相对。绝对，就是贯穿所有时空，在所有的时空范围内始终不变的，我们称为绝对。那么什么决定事物是绝对的还是相对的，或者说怎样判断绝对的是什么，相对的又是什么呢？从鼎对判断。宇宙是相对对于绝对的鼎对模式。鼎，是三"足"两"耳"一个"身"的煮锅，在这里借喻三个内容、两个形式、一个公奉。一个公奉，两个形式，三个内容，是任何事物的基本模式，即鼎对模式。

看事物是相对还是绝对，就要看描述的是事物的哪一部分。

描述的是公奉部分，可能是绝对的，同时还要看描述所属的时空范围，所以可能是绝对的；描述的是形式部分，多数是相对的；描述的是内容部分，就要看描述的是哪一部分内容，有可能是相对的也有可能是绝对的。所以，事物表现的是相对还是绝对，根本上是按照鼎对模式，看具体描述的是哪一部分，涉及的时空范围、层次高低、站位角度不同，所得出的结论也不同。

比如说英雄人物的出现对他个人来说可能是个相对事件，但对于这个时空、这段历史来说，那就是个绝对的事件，一定会发生，不是这个人就是那个人，一定会有这样一个人。而决定到底是相对或绝对，是由它在鼎对模式中所处的位置决定的。

（5）分，合，叉。

$$\begin{array}{c}叉\\ \Updownarrow\\ 分 \rightleftharpoons 合\end{array}$$

这是描述事物组合状态之间相互关系的范畴鼎。

分、叉、合是事物组合的三种状态。在一个完整周期中，事物的组合方式以叉为主体，以分、合为补充。合道的存在都是分、叉、合三种状态交替出现，而实现续永的。那么什么时候分，什么时候叉，又什么时候合呢？要依据事物当时所处的阶段而定。但总体来说，是以叉为主体，以分和合为两基。换句话说，从时间上，总体上来说，叉占六分，分占三分，合占一分。也可能六分叉，三分合，一分分。在某一特殊的阶段也可能，六分分，三分合，一分叉，或者六分合，三分叉，一分分。在某一具体阶段之内，可以分别以分、以叉、以合为主。

明了这个规律，当我们设计事物、谋划事物，甚至处理事情的时候，就应该主动设计得符合这个规律。所以，事物与事物之间，以叉为主体。在运作过程当中，双方要分头行动，所以三分分，但有时需要合在一起进行沟通，所以一分合。总体来讲六分叉，具体是三分合还是三分分，根据所处的阶段不同，两者均可以存在。当处于执行阶段的时候，更多的是三分分，六分叉，一分合。当处于谋划阶段的时候，或者是总结、回收阶段的时候，更多的是六分叉，三分合，一分分。这几种模式都是合道的，都是符合事物存在规律的。明了这些，就会对事物有更准确的把握，也能更好地指导实践。

（6）死，活，复。

$$\begin{array}{c} 复 \\ \Updownarrow \\ 死 \rightleftharpoons 活 \end{array}$$

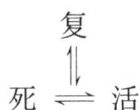

这是表述事物存在状态之间相互关系的范畴鼎。

死、活之间必经过复，死只有通过复才能走向活。这个道理从人的生死很容易理解，人生下来直到死去，直到下一代再一次的活，中间有一个复的过程。人类就是这样经过活死复，又一次的活，再一次的死，再一次的复，再活，再死，再复，这样循环往复代代相传绵延种族的。其实，万事万物都是这样一个循环。由活到死，这是显化状态的结束；由死到复，这是潜化状态的过程（潜，不可见的，不显化的；潜态，潜在不可见的状态）；由复到活，这是一个含态状态的过程（含态，半显化、半潜在的状态；时而显化、时而潜在的状态）。潜显含与死复活是同时相伴而存在的。一个完整周期，必然包括一个由活到死向复再到下一轮的活这样一个过程。所以，在我们设计谋划事物的时候就要考虑到这一点，由活到死向复，再到下一轮的活，设计必须贯穿这样一个全过程，由这一轮的活到下一轮的活，这才是一种完整的设计。这样的设计，才能实现永续发展。而现在，人们通常只看到显化状态的由活到死，容易忽略潜态和含态的由死向复、由复向下一轮活的状态。比如说企业，企业正常的产品的生产营销，这些都属于由活向死的过程。任何一个新产品，都是从大家喜欢，到不断地使用，最终又被新一代产品所替代。而企业的研发就属于由死向复，由复向下一代生、向下一代活这样的两个阶段。所以，为什么大的企业在注重市场、现阶段产品营销的同时，一定还会花大量的力气用在研发上，正是符合了由死向复、由复到下一轮活这样的阶段、规律。这就是企业生产经营研发行为的哲学谜底。

明了这个范畴鼎，明了这个规律，当人们去思考问题的时候就会更加全面。不会只思考事物由活到死这样一个阶段，而会更加自觉地，甚至主动地迎接由死向复、由复到下一轮活的需要。这样你的思维、你的语言、你的行动必然就更合道，也会更加得到别人的认同，更加协调可持续。

（7）弃，扬，传。

$$\begin{array}{c} 传 \\ \Updownarrow \\ 弃 \rightleftharpoons 扬 \end{array}$$

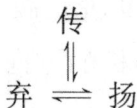

这是描述后一代与前一代之间关系的范畴鼎，或者说是现今

与历史存在关系的范畴鼎。

我们对待已经存在的事物，可以采取扬的态度，可以采取弃的态度，但最终都是为了实现传，即无论是扬还是弃，无论是发扬还是抛弃、摒弃，都是为了传承。传承什么呢？传承事物始终不变的部分，传承宗旨，传承精髓。去其糟粕，弃其糟粕，发扬其优点、发扬其优势。弃，人们容易理解。但传与扬不同，传是传承，是确认绝对好的才传承。在当今阶段需要进一步增强、发挥作用的是需要扬的；在当前需要减小、消失的是需要弃的。对于一个社会来说，有始终要传承的东西，有一定时期内要发扬的东西，有一定时期内需要抛弃的东西。传的内容可以随着积累而不断丰富、充实；扬和弃的内容要跟随时代的变迁、社会的变化而及时进行调整。现在扬的内容，可能在某一阶段变为弃的内容；某一阶段弃的内容也可能成为另一阶段扬的内容，而传的内容必能因其是精髓、精华而得到不断丰富。以这样的思维制定国家社会发展方针，必能将国家治理得更好，更长久地实现国泰民安。

（8）缩，扩，涡。

$$\begin{array}{c} 涡 \\ \Updownarrow \\ 缩 \rightleftharpoons 扩 \end{array}$$

这是描述事物运动趋势之间关系的范畴鼎。

缩，收缩；扩，扩张、扩充；涡，涡旋。所以，缩和扩其本质都是涡，涡旋。只是缩与扩的方向不同而已，正好方向相反，一个是收缩的趋势，一个是扩张的趋势。但其行为状态的本质就是涡，旋转。宇宙间万般事物的运动方式主要就是左旋、右绕，基本粒子的运动方式即左旋，右绕。无论是左旋还是右绕，其实质都是涡，涡旋。所以事实上无论是缩和扩，其行为本质是相同的，只是方向不同而已。当事物处在缩的状态，通常是走向周期末端的时期；当事物处在扩的状态，更多是走在事物的初期和中期，在扩张状态、成长状态。所以，一个事物无论是处于缩还是扩，其实都是正常的状态。该缩的，也就是即将走向末期的，即将走向周期结束的，也是正常的状态；该扩的，也就是应该处于扩张状态的，属于未来成长期的，也是事物的正常状态。该缩的缩，该扩的扩，该死的死去，该成长的成长，其发展方式都是通过涡旋。

明了此范畴鼎，对于我们客观地看待事物的成长衰败会有很大裨益，你会明白无论是成长，无论是衰亡，还是新的繁盛，一切都是按规律而来的，也就不会有惊恐，不会有狂喜，一切皆按照规律而来，循道而实现续永。

（9）偶然，必然，或然。

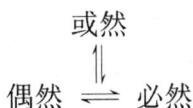

$$
\begin{array}{c}
\text{或然} \\
\Updownarrow \\
\text{偶然} \rightleftharpoons \text{必然}
\end{array}
$$

这是一个描述事物发生的可能性之间相互关系的范畴鼎。

偶然，不一定发生，在特殊条件下才发生；必然，一定会发生，无论在什么条件下都会发生；或然，一定会发生，但发生的内容可能是这样，也可能会那样，不像必然发生的内容也是一定的。或然，以满足事件发生的条件决定发生事件的内容。必然，即完全满足事件发生的条件，一定会发生。偶然，没有完全满足事件发生的条件，需要特殊条件下才会发生。解释量子力学的薛定谔的猫是解释或然性最好的例子。当你决定去看时，猫可能是活的，也可能是死的，看到猫是活的，或是死的，这件事一定会发生，但看到的是死猫还是活猫，由看的时机决定，事件具有或然性。偶然，必然，或然，会因所处的时空不同而不同。当处在这个时空时是偶然现象，换在另一个时空来看可能就是必然现象。什么决定是偶然还是必然呢？或然。或然就是有可能这样，也有可能那样；或者是在这个时空，或者是在那个时空；有时是在这个时空，有时是在那个时空。站在这个时空看是偶然，站在另外的时空是必然，本质上是因为你所看到的决定事物的因素的数量、层级不同。在另外的更高时空看来是必然的现象，在较低时空可能你看到的、感受到的就是偶然现象。时空层级越高看到的必然因素越多，时空层级越低看到的偶然因素越多。或然决定了他表现为偶然还是必然。事实上，偶然与必然，在一定时空范围内看，是由人的主观判断决定的。如果从更根本的层次看，万物皆有其该定性。也就是从最高的时空层次来看，一切皆有其必然性，称为该定性。所谓当然道，从当然，就是一切从该定，按照事物的模样去接受它，对待它，应对它。而人积极地应对和创新，也是从该定的范围。

（10）依此，孕他，寓彼。

寓彼

依此　⇌　孕他

这是描述事物之间相生关系的范畴鼎。

依此是可见的，是显化态的；孕他是不可见的，潜态的；寓彼是半潜半显的，时而可见、时而不可见的，是含态。任何一个事物都是依此、孕他、寓彼三种属性同时存在的，即任何一事物，有其现在存在态，此；也有其孕育的新事物，他；更有其本身所属于的存在，彼。

明了此范畴鼎，我们判断分析事物时，就要既找出其本身的"此"是何，又要找出其孕育的"他"是何，更要追踪寓其的"彼"在哪里，这样才能把事物分析得更透彻。而且，事物本身的存在现状，以及它孕育的新生物都共同服务于寓含该事物的彼。找到寓含该事物的"彼"，有利于分析透彻事物"此"的状态，也有利于找准该事物孕育的"他"是何物，这对于我们了解事物的发展趋势大有裨益。

（11）主观，客观，通观。

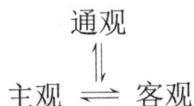

$$\text{通观}$$
$$\Updownarrow$$
$$\text{主观} \rightleftharpoons \text{客观}$$

这是一个描述对事物进行判断的不同角度之间相互关系的范畴鼎。

主观，是以个人的想法、意识去观察判断；客观，是以事物事实存在的状态来进行观察判断；通观，则是融合了主观和客观之后进行观察判断。过去，人们以为主观是无法影响客观的，但随着科技的发展，现代科技越来越揭示出，主观、客观是相互影响的。"薛定谔的猫"的实验，充分证明人的意识会影响观测的结果。其实，人的意识、想法也是一种存在，只是过去人们对信息的研究还不够充分，还没有一种名称去描述，才把物质与意识对立起来。意识也有其载体，也可以显化，通过仪器显示的人的脑波就是意识的一种物理显化形式。所以，世界统一于物质，这个判断完全正确。只是物质、意识是母子关系，并非平级关系。意识是一种特殊形式的物质存在形式，是一种信息体存在形式。

所以，让我们充分认识主观、客观与通观的关系：主观、客观之间相互影响，主观、客观服务服从于通观。站在综合了主观、客观因素之后的通观角度、高度，才能对事物进行最贴近实际的判断描述。但这里需要说明一点，在当今环境下，主观对客观的影响还是比较小的，因为主观对客观产生巨大影响需要更多的条件。但影响小不代表没有作用，从道理上我们还是要搞清楚。

（12）分析，综合，协举。

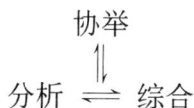

$$协举$$
$$\Updownarrow$$
$$分析 \rightleftharpoons 综合$$

这是一个描述研究问题、思考问题思路方法之间关系的范畴鼎。

由整体看部分、由全部看局部、由整体看单个，这都属于分析；由一条一条的、单独的内容，归纳合并同类项，这些都属于综合；分析和综合都要围绕协举来进行。协举，既是同一层次各个不同方面之间的协调配合、相互协作，又是层次与层次之间，不同层级之间的相互协调。纵向跟横向发展的同时向上跃升、向前推进，才称为协举。协更多的是指同一层面之间的协，相互协作合作。举指层次之间的跃升，不仅在同一层面之间相互实现协调、协作，同时在层次上有所跃升，这样才真正实现了协举。实现协举的具体措施，要通过分析和综合，换句话说，分析和综合都要围绕协举来进行。如此，我们分析和综合就有了指向。分析的目的，综合的成果，都要瞄向实现协举。

明了这个范畴鼎，我们进行分析、研究、判断事物时心里就会十分有底，明白向哪里思考，对哪些进行研究，最终又要达到什么样的目的和效果，对实际操作有很强的指导作用。

（13）原因，结果，序期。

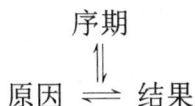

$$序期$$
$$\Updownarrow$$
$$原因 \rightleftharpoons 结果$$

这是一个描述事物发生原因、结果之间相互关系的范畴鼎。

事物发生，从原因出现到结果呈现，需要经过一定的序期。首先，有什么样的原因，就会有什么样的结果。其次，从原因到结果需要一定的时间，有固定的周期。最后，从原因到结果需要按照一定的顺序进行，否则难以出现应有的结果。

事物由原因到结果的展现过程，也是一个由潜到含到显的过程，由潜到含到显必然要经过一定的时间。事实上，不只是需要一定的时间，空间也需要有一定的变化。序期，有期，导致时间的变化、延续；有序，导致空间的变化，序不同，空间的变化量也不同。原因、结果中间必须通过序期才能够表现出来。所以，明了此范畴鼎，当我们在谋划事情的时候，从此因到彼果，一定要遵守该有的序，同时，还需要等待接纳一定的期。明了这个道理之后，做事情就会胸中有丘壑，不急不躁。心中有序，所以空间可控；明白有期，所以心中有底。当你心中有这个范畴鼎的时候，在时空谋划上，你就走在胸有成竹的路上了。

（14）内因，外因，间因。

$$间因$$
$$\Updownarrow$$
$$内因 \rightleftharpoons 外因$$

这是描述构成促进事物发展变化的因素之间的关系的范畴鼎。

内因、外因，大家都已经比较熟悉。所谓间因，就是处于内因和外因之间的那种因素。如果从空间上来讲，由内到外中间必然有一个连接地段，这个连接地段称为间。可以说是连接，也可以说是过渡，那么这一部分所存在的因素我们称为间因。从存在性上来说，内因、外因处在一个层次，间因处于比其高一层的层次。因为如果没有间因的存在，那么内因是内因，外因是外因，正因为有间因的存在，所以内因、外因、间因共同促成了事物的发展变化。所以，从促进事物发展，分析问题原因的角度讲，抓住间因、明了间因更为重要。间因的变化会直接导致内因、外因的变化，会引领指导内因、外因的变化。或者换句话说，内因是事物内部的因素，是自身，外因是事物外部的因素，是环境，那么间因就是内部、事物存在本身，与事物存在的环境相接触的那一部分因素，而那一部分因素决定着两者是否匹配、契合。我们过去的分析通常忽略了两种不同的事物的交接地带，但事实上只有相接，两者才发生关系，否则，内是内、外是外，只有内跟外相接触，两种事物才真正发生关系，也才真正形成对立统一体。

我们现有的思维通常容易把这一部分给忽略掉，所以当人们想实现兼得、实现双赢的时候，从思维上不知从哪里下手。事实上正是两种事物的交接地带、相连接地带，才是实现兼得的着手点。正如手要去碰水面，手在接触到水之前手是手，水是水，只有当手触碰水的那一瞬间、那一时刻，两者才真正发生了关系。从手的角度讲，手碰水，手本身是内因、水是外因，手和水相碰的那一时刻的原因称为间因。同时，内因、外因因主体不同而有所不同，若从水的角度来看这件事情，那么水就是内因、手是外因，但是水和手触碰的那一瞬间依然是间因。所以，无论是从手的角度看，还是从水的角度看，如果想实现兼得、双赢，都必须抓住手和水相触碰的那一瞬间，即间因。

（15）矛盾，因果，介反。

$$介反$$
$$\Updownarrow$$
$$矛盾 \rightleftharpoons 因果$$

这是描述物质世界三个基本规律之间关系的范畴鼎。

介反规律和现有理论中广为涉及的因果规律、矛盾规律有着根本区别，适用领域也不大相同。因果规律针对绝对运动，矛盾规律针对相对运动，介反规律针对鼎对运动。介反规律是比矛盾规律和因果规律更为基本的规律。在三种规律之中，因果规律是现象级规律，矛盾规律是本质级规律，介反规律是源宿级规律。

任何事物的联系、发展、变化都有一个序期。任何一个事物必处于某一序期的某一时空点上。矛盾规律是事物在一个序期过程当中所表现出来的规律。因果规律是事物在一个序期的起始和结束阶段所表现出来的规律。或者说，因果规律描述的是事物一个序期起始和结束阶段之间的关系，矛盾规律描述的是一个序期中间事物所表现出来的规律。而介反规律描述的是在整个序期过程当中，事物之所以能够表现出以上特性的内在的更为根本的规律。或者可以说，矛盾规律和因果规律是介反规律在整个序期过程当中不同时间点、不同时空点的表现，也就是说事实上矛盾规律是介反规律在序期过程中的表现，而因果规律是事物在整个序期中起始点和终止点上所表现出来的规律。

所以，如果想研究透彻矛盾规律和因果规律，就要研究介反规律。介反，间媒翻改，把媒介放在对立双方的中间，作为中介，通过中介进行翻改，通过中介向对立面发展。这个范畴鼎告诉我们，如果想把事物研究透彻就一定要研究介反规律。要研究它以什么为"介"，又由什么样的状态"反"向什么样的状态。这样，才能够把握事物发展过程中，是谁与谁的矛盾；从起始到归宿，是什么因素决定了它的起源，最终又走向什么样的归宿。想研究清楚矛盾跟因果，首先要弄通介反。研究通了介反，对于我们来说有更直接的现实价值，更容易搞清楚事物在整个序期当中的表现形式，会出现什么样的状态，源于什么，最终又会有什么样的结果，从而真正实现对事物的估控。

（16）条件，根据，模式。

$$
\begin{array}{c}
\text{模式} \\
\Updownarrow \\
\text{条件} \rightleftharpoons \text{根据}
\end{array}
$$

这是描述谋划、实施事件时需要遵循的规律之间关系的范畴鼎。

在谋划、实施事件时，有什么样的条件，依据什么样的规律，按照什么样的模式来构建组织是必然要考虑的。条件、根据须按模式的需要寻求、聚集，条件、根据服从于模式，而模式又直接限定了事件应该满足的条件和依据的规律。这个范畴鼎告诉我们在谋划、实施事件的时候，首先要考虑的是模式，首先确定按照什么样的模式来构建，这个确定之后再去看有什么样的条件，或者需要制造、创造什么样的条件，根据什么样的规律，以及所处的时空特点来进行谋划。这样的设计谋划和实施才是合道的，才最有可能取得成功。

（17）主动，被动，策动。

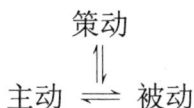

$$
\begin{array}{c}
\text{策动} \\
\Updownarrow \\
\text{主动} \rightleftharpoons \text{被动}
\end{array}
$$

这是描述事件发生时，不同程度的主动性之间相互关系的范畴鼎。

通常我们认为凡事自己主动比较好一些，或者说主动会令自己的自由度更大一些。更多的人喜欢主动而不喜欢被动，而事实上来说，主动和被动都应该服从服务于策动。策动，策划的策，即在策动的情况下，既可以有主动也可以有被动，可以这一会儿是主动，下一会儿是被动，再下一刻又相应变化，这称为策动。即，主动加被动等于策动。在策动情况下，你可能这会儿表现主动，下一会儿表现被动；也可能在这里表现主动，在那里表现被动，而这所有的主动与被动都是在策动的情况下进行的。实现策动，从自我意识当中不能有很强的控制欲，强烈的控制欲会导致你很容易永远只处于主动状态，从来都不处于被动状态，而这不符合策动原则，不可能取得最佳效果。很多优秀的人、出色的人通常容易犯这样的错误，总是处于主动态，从不处于被动态。而要实现策动，必须是主动加被动，主动与被动相结合，只不过这种被动是你主动策划或配合的。这也是为什么现在很多人意识到人有时要示弱。示弱就是在某种程度上让自己处于被动。因为只有在策动的情况下，既有你的主动又有对方的主动，你自己主动是你的积极性被调动；当你处于被动时对方就处于主动，这时对方的积极性也被调动。双方的积极性都被调动起来，自然事情成功的可能性就更大了，这也是策动高于主动与被动的根本原因。再比如倾听，倾听也是让优秀的人处于被动态的一种形式，一个善于倾听的优秀者，一定会更受大家的欢迎，因为倾诉者本身也被调动起了积极性，自然效果更好。

明了这个范畴鼎，在我们去谋划、交谈、商量一件事情的时候就要注意，不能始终让自己处于主动的状态，也要有让对方处于主动的状态的时候，主动、被动两者都要有。而当你这样做的时候，你就处于一种整体上的策动状态。

（18）整体，部分，系统。

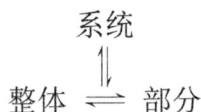

$$
\begin{array}{c}
系统 \\
\Updownarrow \\
整体 \rightleftharpoons 部分
\end{array}
$$

这是描述事物部分与整体、局部与全局关系的范畴鼎。

部分、整体都属于系统，都是系统的一部分。整体由若干个部分构成，而系统由若干个整体构成，所以整体和部分，共同构成系统。我们看事物不仅要从部分来看，更要从整体来看，更应该从整体之外的系统来看，也就是要有全局观念、系统观念。近年来党和国家提出要坚持系统观念，也是这种含义。系统更加强调的是各整体之间的相互联动。系统之下有整体。整体当中某一个功能区，我们称为部分。通常一个系统由多个相互协作的整体构成。

这个范畴鼎提示我们，在考虑事情的时候，首先要有系统观。所谓系统观就是意识到、认识到各个整体之间是相互协作的关系，各个整体之间共同构成、组成一个完整的系统。

各个整体之间是相互协作的关系，谁也离不了谁，谁也不比谁强。那么在这种认识和心态下，去谋划设计一件事情，通常就比较容易取得双赢、多赢的结果。每一方都是一个整体，多个整体共同协作构成一个系统来共同完成一件事情，这样的设计必然更符合客观事实，更容易取得多方共赢的结果，也更容易实现可持续。部分相对于整体也是同样的道理，各部分之间也是既对立又统一且协举的关系，部分与部分之间相互协作共同构成整体。

有这样的观念在胸，在设计问题、思考问题、谋划解决问题时候就更有全局观念，相互配合的意识也更强，也就更容易找到问题的切入点，更有效地协调解决划转问题。

（19）感性，理性，悟性。

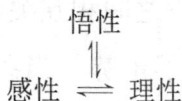

$$
\begin{array}{c}
悟性 \\
\Updownarrow \\
感性 \rightleftharpoons 理性
\end{array}
$$

这是一个描述人的认知能力之间关系的范畴鼎。

感性、理性是大家已经熟知的两种认知世界，体验、体悟事物的能力。悟性，是决定感性与理性的更为本底的一种体验世界的功能本领。悟性可以以感性的形式表现出来，也可以以理性的形式表现出来。比如说你突然悟到了什么，你很开心，这是以感性的形式在体现；比如说你在思考问题，突然你想通了，那么这是以理性的形式在体现。事实上，你是以感性还是理性来表现，都是悟性在起根本的作用。悟性，根据人当时所处的状态，或者以感性的形式表现，或者以理性的形式表现。悟性与灵感直接相关，有灵感才有悟性，没有灵感就没有悟性可言。而灵感是突然间获得的，需要人达到一定的水平、水准或者一定的境界要求，才能获取、获得灵感。这也是为什么真正的创新离不开灵感，而灵感的获得需要人的境界、状态做支撑。不断纯化自己，活向更高境界，成为一个更纯粹的人，一个没有被污染的人，才能使悟性得到深度开发，获得更多的灵感，进行更多的创新。创新型国家的建设需要更多悟性得到开发的创新型人才。人们悟性的开发迫在眉睫，应该引起国家的高度重视。

（20）历史，今时，走势。

走势
⇅
历史 ⇌ 今时

这是一个描述不同时空之间相互关系的范畴鼎。

历史、今时共同决定了走势。当我们去探究、预测走势时，一定要关注历史与今时的状况。历史曾经发生过什么，处在整个序期的什么阶段，今时又处于整个序期的哪个环节，这些都会对走势产生重大影响。首先判断历史与今时分别处在整个周期的具体哪个阶段，才能决定未来走势将会处于哪一阶段。再根据今时事物所处的状态，事物发展的小周期中所处的阶段，来判定出未来事物具体的呈现状态。

例如，事物发展皆有死复活三个阶段，如果历史处于死态，当今属于复态，那么未来一定处于活态。同时，还要看所处的时间段是不是足够与他所处的周期相一致，也有可能历史、今时跟走势都属于活态，或者都属于死态，或者正好处于他们的交接状态，这都是有可能的。具体要看是什么样的事，时间周期有多长，这些还要根据具体的情况进行分析，但总体上有一个把握会非常有助于我们对事物走势的判断。而在做这个工作时，有一些事物发展的基本规律一定要掌握。比如说死、复、活，这是一种事物存在的模式，再比如说扩、缩、涡，再比如说动、静、承，所有的事物的发展皆是按照固定的模式进行的。心中了解这些之后，对历史跟今时信息的掌握和运用就会更加准确、恰当，对走势的判断就会更加明晰、精准。

（21）脑能，体能，命境。

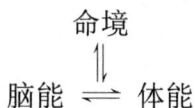

$$命境$$
$$\Updownarrow$$
$$脑能 \rightleftharpoons 体能$$

这是描述人与生命本身的生存环境与人的心智能力及物理体能之间关系的范畴鼎。

脑能，简单地可以概括为人的心智能力，包括人的意识的全面程度、思维的深度，以及精神的升华程度等。体能，人的物理可见的身体所能达到的开发程度，简单地讲包括身体的力量、柔韧度等，如骨坚、筋软、肉弹等物理可见的身体状态。命境，人的生命所处的生态环境。正如万物生长皆有其环境，比如有的植物喜阴，有的植物喜阳，人的生命成长也有其成长环境，简称命境。命境好，有更多的机遇，成长快，各种待遇更好。命境不好，待遇差，机遇少，成长缓慢。脑能、体能共同服务服从于人的命境。人的命境也决定着人的脑能和体能。一个人的脑能和体能决定这个人的命境，反过来有什么样的命境也决定了有什么样的脑能和体能。对于命境来说有一句话叫境界决定待遇，即你有什么样的境界，就有什么样的待遇。什么是境界呢？修养的境界、脱俗的境界。你有多脱俗，你脱俗脱得多彻底，你就有多高的境界、多好的待遇。这是中华传统文化始终强调要修身养性的重要原因。老祖宗们并不只是在说教，其实是在教他的子孙们怎样获得好的待遇，只是很多人没有理解罢了。提高你的修养就会提高你的待遇，就会有更好的待遇，就会有更多的机遇，就会碰到更好的人，这是实实在在的。从现实逻辑上，我们也很容易得出这样的结论：一个高境界的、脱俗的人，他（她）的待遇一定不会差。物以类聚，人以群分，高境界的人吸引的也必定是修养高尚的人，这样的人围绕在身边，待遇自然不会差。

　　如何提升人的体能、脑能，从而提升人的命境呢？体能可以通过一定的锻炼；脑能通过学习、修养，但如果想获得根本性的突破，还是要通过提高人的境界，才能真正地提高脑能。所以，总结来说，一方面要通过体能锻炼，另一方面要通过学习、历练、修炼提高修养，这样命境才能真正地提高和提升，也真正能使你变成一个幸运的人。

（22）融创，奉创，竞创。

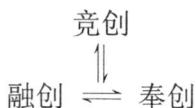

$$
\begin{array}{c}
竞创 \\
\Updownarrow \\
融创 \rightleftharpoons 奉创
\end{array}
$$

这是描述实现创新的重要条件之间的相互关系的范畴鼎。

融创和奉创都共同服务于竞创，或者换句话说都为竞创服务。融创，把创新融入事物当中去，融入思想当中去，融入设计当中去。奉创是指以创新为指导、为指引、为追求目标，为创新而奉献。竞创，竞相创新、争着创新。把创新融入具体事物当中，为创新而服务，这两个是服务于什么的呢？竞创。大家进行创新竞赛，在创新上进行比赛，只有这样的一个国家，才是真正具有创新力的、创新力蓬勃迸发的国家。建设创新型国家就是要实现竞创时代，实现竞创必然需要两个条件——融创和奉创。融创是把创新具体地融入具体的实践当中，奉创是在指导思想上所有的措施都指向、服务于创新，为创新而服务，有浓厚的崇尚创新的社会氛围。有明确的指向和良好的服务，又有具体融入创新的行为，就能实现全民积极进行创新的良好局面，创新型国家也才能够真正变成现实。

明了这个范畴鼎，对我们现在建设创新型国家有很强的指导意义，即我们所有的指向、规定、政策都应该以奉创为导向。所有的规定、政策都指向积极鼓励人们创新，所有的实践行为也给予最大程度的宽松环境，允许积极进行创新。现在正在实行的容错制度，就是奉创行为的一种具体体现，但是力度还是略显不足。

可以有更多的政策支持人们更多地进行融创实践。而融创和奉创最终都是为了国家实现竞创。全体国民都在参与创新，进行创新竞赛，整个社会充满着鼓励、支持、崇尚创新的氛围，这样的国家，这样的国度才是充满生机活力的，才是可以永续发展、永远繁荣昌盛的，建设创新型国家才真正变成了现实，中华民族的伟大复兴才能真正实现。

（23）测宿，究源，估控。

$$估控$$
$$测宿 \rightleftharpoons 究源$$

这是一个描述实现估控的条件之间的相关关系的范畴鼎。

从这个范畴鼎看，实现对事物的估控，既需要测宿，预测事物的归宿，又需要究源，探究事物的导源，两者缺一不可。通过预测事物的归宿，探究事物的导源，从而实现对事物的估控。或者说通过探究事物的导源，预测事物的归宿，就可以实现对事物的估控。所谓估控，预估、估计、估量。控，掌控、调控、控制。通常人们认为，对事物未来的把握、判断、引导、控制是很难的。实现对事物的估控，即完全掌握事物的发展趋势，对一般人来讲是很难实现的目标。但事实上从规律上来说，如果能够实现对事物导源的探究，对事物归宿的预测，就可以实现对事物的估控。因为事物的导源和归宿，是事物产生、发展的两个极端，两个极点，一个是开始点，一个是终止点，这也是一个周期的起始点和终止点。那么这两点决定了中间在某种程度上就是可控的。而在过程当中，需要明了事物的公奉，公奉即始终不变的宗旨、共同奉献的对象。了解了两极，又了解了事物始终不变的公奉在哪里，实现对事物的估控就比较容易。如果想实现对事物的估控，首先就要探究它的导源，预测它的归宿，中间还要明了其公奉。说到公奉，又涉及前面我们提过的内容、形式、公奉，如果想要了解它的公奉，那么必然要了解它的形式，探究它的内容，综合两者得出它的公奉。了解了事物的导源，预测了事物的归宿，了解了其公奉就可以实现对事物的估计、掌控，即所谓估控。

（24）实践，理论，创见。

这是一个描述理论、实践和创见之间关系的范畴鼎。

创见，创新性见解，这是进行创新的关键，即理论、实践都应该为提出创见而服务。所有的理论和实践都应该指向这个方向。而创见也规定了实践和理论的发展方向，指导理论和实践进一步突破创新。如果现实中，我们按这样的模式去指导我们的理论和实践，相信会有更多的创见呈现出来，人们的创造力必然会更大地被激发出来，一个充满创造力的创新型国家也必然更早建成。

后面所讲的几个范畴鼎更多地与提升人的境界修养相关。不要局限于某一时空来理解，才容易体会准确。

（25）真，假，嗔。

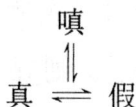

这是描述真、假及其本质的范畴鼎。

当我们判断真与假时，其实是把你所认为的现实，与一个参照物进行比较而得出的结论。在不同的时空或者说不同的维度中，真与假并非是固定不变的。这个时空、这个维度的真，可能是另一个时空、另一维度的假，反之亦然。因为存在本身是多维的，既有有形的、实态的、材料态的存在，也有无形的、虚态的、信息态的存在，更有人类现有认知尚未揭示的存在。

举个实在的例子，一件事情他做了也说了，那你认为这是真的；一件事情可能他想了却没有做，你会认为这是假的。在三维时空看，这样的认知似乎合理。但是，如果站在更高维度去看时，他想了便相当于做了，这个时候的假也变成了真。所以，当人们去纠结一件事情是真还是假的时候，其实就已经陷入嗔中了。从贯穿多个时空的角度看，真假本身没有绝对的意义，使自己言行合道，符合永续发展的规律才有意义。但在限定的某一时空，例如当今我们所处的时空，使描述符合事物的真实状态，是需要的，也是基本的要求。

（26）美，丑，堕。

$$\begin{array}{c} 堕 \\ \Updownarrow \\ 美 \rightleftharpoons 丑 \end{array}$$

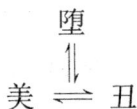

这是描述美、丑及其本质的范畴鼎。

当人去判断是美还是丑时，人就已经处于堕落中了。是否堕落决定了是美还是丑。堕落了，则丑；没堕落，则是美的。所以，从境界修养上来讲，人也不应该去刻意追求、辨别美与丑。一切的存在都有其合理性，当你刻意去评判是美还是丑时，你已经处在堕中了。美与丑都是相对而言的，事物处于它该有的模样就是恰当的，美中亦有丑，丑中亦有美，无所谓美丑。这是从境界修养的角度来看才得出的结论。明了这一范畴鼎，让人学会以平常心看待一切事物。去纠结美丑，评判美丑，趋美去丑，不利于人自身的修养提升，也不利于事物按照道的规则进化发展。

（27）善，恶，陀。

$$
\begin{array}{c}
陀 \\
\Updownarrow \\
善 \rightleftharpoons 恶
\end{array}
$$

这是描述善、恶及其本质的范畴鼎。

无论人是善还是恶，升华的方向都是要走向陀。所谓陀，是指一种觉悟态，即无论是善还是恶，都是走向觉悟的一种途径。善与恶是两种不同的形式。所谓善与恶，其实也是以一定标准来进行界定的，有的时候在人们看来是恶的，也许从生态链的高度来看，恰恰是善的；也有一些在人们看来是善的，从生态链的高度看却是恶的。

恶为什么存在呢？生态链的存在本身就具有多样性、全面性的特征，完全同质的存在是无法永续的。如果没有恶，善也无法再善。所以，从合道的高度看，正反两方都需要存在，有善在，恶也必然存在。换句话说，正因为有恶存在，才倒逼着、激励着人们向善而来。有比较，人们才更多地选择善，惩恶扬善。作为一种机制，为实现永续，善、恶都有存在的必要性。但善、恶可以有比重上的差别。比如说善占99%，那么恶就会占1%，因为它们是相反的两种性质，为实现系统的永续存在，都需要有存在的空间。如果没有了恶，善也不再凸显出来。人作为一个有形细胞体存在，受时空限制，几乎不可能做到100%的善而丝毫没有恶，只能无限逼近100%的善。

人的修养到一定程度，会认识到善与恶，从更高的层次来说，都是走向陀的途径。两种途径各有其作用。如果站在较低层次来理解，便会产生误解，认为这个人善恶不分、好坏不辨。而站在现实社会道德层面，人们还是希望更多地惩恶扬善，提升人的文明程度，这毫无疑问是正确的。明白其合理性与崇尚什么是两回事，不能混为一谈，更不代表不应该惩恶扬善。相反，作为一个渴望觉悟的人，只有敢于惩恶扬善，才有可能升华自身，走向陀的境界。

（28）是，非，寄。

$$
\begin{array}{c}
寄 \\
\Updownarrow \\
是 \rightleftharpoons 非
\end{array}
$$

这是描述是与非本质的一个范畴鼎。

是与非都是为寄服务的，或者说是与非都是由寄决定的。寄，寄托的寄，寄存的寄，寄托的对象决定了标准，不同的寄托对象层次不同，标准也不同，判断是与非的结果自然也不同。有时在这个时空是是，但是到那个时空就变成了非，那是因为他寄托的对象不同。所以，是与非本身就是一个相对概念。什么叫是，什么叫非，是你拿事物的状态与一个你内心寄托的标准进行比较，才得出是还是非。如果一致，你称之为是，如果两者不一致，你称之为非。

那你心里所做评判的这个标准由什么决定呢？由你寄托的对象层次决定。同一个现象，因为你寄托对象的不同，你的评判标准不同，也会得出不同的答案。所以，同样一个事物，有的人认为是是，有的人认为是非。

由此，最高标准的是与非，是把寄托对象放在道这个层次上。以永恒存在的道为标准，放在这个层次上进行评判，你所做出的是与非判断才是真正的是与非。因为你是以真正的大道，以自然运行的规律、永恒存在的规律进行评判的，自然这时的是与非才是最正确的。

参考文献

专著类

[1] 马克思恩格斯选集：第 1-4 卷[M].北京：人民出版社，1965.

[2] 马克思恩格斯全集：第 5-10 卷[M].北京：人民出版社，1965.

[3] 马克思恩格斯全集：第 23 卷[M].北京：人民出版社，1975.

[4] 马克思恩格斯全集：第 21 卷[M].北京：人民出版社，1965.

[5] 列宁全集：第 55 卷[M].北京：人民出版社，1965.

[6] 毛泽东选集[M].北京：人民出版社，1964.

[7] [奥] 维特根斯坦.逻辑哲学论[M].贺绍甲，译.北京：商务印书馆，1996.

[8] [比] 普利高津，[法] 伊·斯唐热.从混沌到有序

[M].曾庆宏，等译．上海：上海译文出版社，1987.

[9] [德] 李凯尔特．文化科学和自然科学[M].涂纪亮，译．北京：商务印书馆，1986.

[10] [德] 恩斯特·卡西尔．人论[M].甘阳，译．上海：上海译文出版社，1985.

[11] [德] 哈肯．协同学——自然成功的奥秘[M].戴鸣钟，译．北京：社会科学出版社，1988.

[12] [德] 黑格尔．美学：第1卷[M].朱光潜，译．北京：人民文学出版社，1959.

[13] [德] 黑格尔．小逻辑[M].贺麟，译．北京：商务印书馆，1980.

[14] [德] 康德．纯粹理性批判[M].蓝公武，译．北京：商务印书馆，2003.

[15] [德] 孔德．实证精神[M].黄建华，译．北京：商务印书馆，1996.

[16] [德] 马克斯·韦伯．社会科学方法论[M].杨富斌，译．北京：华夏出版社，1999.

[17] [俄] 拉契科夫．科学学——问题·结构·基本原理[M].韩秉成，等译．北京：科学出版社，1984.

[18] [法] 埃德加·莫兰．方法：天然之天性[M].吴泓缈，冯学俊，译．北京：北京大学出版社，2002.

[19] [法] 埃德加·莫兰．复杂性思想导论[M].陈一壮，译．上海：华东师范大学出版社，2008.

[20] [法] 迪尔凯姆．社会学方法的准则[M].狄玉明，译．

北京：商务印书馆，1995.

　　［21］［法］弗拉索瓦·佩鲁．新发展观［M］.张宁，丰子义，译．北京：华夏出版社，1987.

　　［22］［法］莫诺．偶然性与必然性（略论现代生物学的自然哲学）［M］.上海外国自然科学哲学著作编译组，译．上海：上海人民出版社，1977.

　　［23］［美］赖特·米尔斯．社会学的想象力［M］.陈强，张永强，译．北京：生活·读书·新知三联书店，2016.

　　［24］［美］拉兹洛．系统哲学讲演集［M］.闵家胤，等译．北京：中国社会科学出版社，1991.

　　［25］［美］爱因斯坦．爱因斯坦文集：第3卷［M］.许良英，等译.北京：商务印书馆，1979.

　　［26］［美］伯纳德·巴伯．科学与社会秩序［M］.顾昕，译．北京：生活·读书·新知三联书店，1991.

　　［27］［美］雷昂·罗森菲耳德．量子革命［M］.戈革，译．北京：商务印书馆，1991.

　　［28］［美］鲁思·本尼迪克特．菊与刀——日本文化的类型［M］.吕万和，等译．北京：商务印书馆，1990.

　　［29］［美］欧文·拉兹洛．系统、结构和经验［M］.李创同，译．上海：上海译文出版社，1987.

　　［30］［美］塔尔科特·帕森斯．社会行动的结构［M］.张明德，等译．上海：译林出版社，2003.

　　［31］［挪威］斯坦因·拉尔森．社会科学理论与方法［M］.任晓，等译．上海：上海人民出版社，2002.

［32］［英］怀特海．科学与近代世界［M］.何钦，译．北京：商务印书馆，1959.

［33］［英］切克兰德．系统论的思想与实践［M］.左晓斯，史然，译．北京：商务印书馆，1995.

［34］［英］安东尼·吉登斯．超越左与右：激进政治的未来［M］.李惠斌，译．北京：社会科学文献出版社，2000.

［35］［英］安东尼·吉登斯．失控的世界［M］.周红云，译．南昌：江西人民出版社，2001.

［36］［英］洛克．人类理解论［M］.关文运，译．北京：商务印书馆，1959.

［37］安启念．新编马克思主义哲学史［M］.北京：中国人民大学出版社，2004.

［38］北京大学哲学系．西方哲学原著选读［M］.北京：商务印书馆，2001.

［39］陈志良．思维的建构与反思［M］.北京：中国人民大学出版社，1989.

［40］高清海．马克思主义哲学基础［M］.北京：人民出版社，1985.

［41］桂起权．科学思想的源流［M］.武汉：武汉大学出版社，1994.

［42］韩庆祥．发展与代价［M］.北京：人民出版社，2002.

［43］郝立新．马克思主义哲学研究述评［M］.北京：中国人民大学出版社，2002.

［44］金哲，姚永康，陈燮君．世界新学科总览［M］.重庆：

重庆出版社，1986.

　　［45］李建华，傅立．现代系统科学与管理［M］.北京：科学技术文献出版社，1996.

　　［46］李秀林．时代精神的哲学反思［M］.北京：中国人民大学出版社，1987.

　　［47］冒从虎，王勤田，张庆荣．欧洲哲学通史：上卷［M］.天津：南开大学出版社，1985.

　　［48］蒙培元．中国哲学主体思维［M］.北京：东方出版社，1993.

　　［49］苗东升．系统科学原理［M］.北京：中国人民大学出版社，1990.

　　［50］苗力田．古希腊哲学［M］.北京：中国人民大学出版社，1995.

　　［51］欧阳康．社会认识论：人类社会自我认识之谜的哲学探索［M］.昆明：云南人民出版社，2002.

　　［52］王贵友．从混沌到有序——协同学简介［M］.西安：陕西人民出版社，1988.

　　［53］韦政通．中国哲学辞典大全［M］.北京：世界图书出版公司，1989.

　　［54］邬巩真．系统科学基础［M］.西安：陕西科学技术出版社，1996.

　　［55］吴国盛．自然哲学［M］.北京：中国社会科学出版社，1994.

　　［56］张岂之．中国儒学思想史［M］.西安：陕西人民出版

社，1990.

［57］张向东．社会发展战略导论［M］.北京：中国人民大学出版社，1991.

［58］张志伟．西方哲学史［M］.北京：中国人民大学出版社，2002.

［59］朱红文．社会科学方法［M］.北京：科学出版社，2002.

［60］朱力．社会学原理［M］.北京：社会科学文献出版社，1999.

［61］ASHBY W R. *An Introduction to Cyberneties*［M］.London：Chapman & Hall Ltd，1956.

［62］TURCHIN V. *The Pheonomenon of Science*［M］. New York：Columbia University Press，1977.

论文类

［1］［英］大卫·伊斯顿．社会研究中均衡模式的范围［J］.行为科学，1956，4（1）.

［2］艾丰．一分为三［J］.中华英才，1993（13）.

［3］曹志平，易显飞．用系统论的方法求解"李约瑟难题"［J］.中南工业大学学报（社会科学版），2001（6）.

［4］程焰山．冲突与协调：全球化进程对国家的影响［J］.广西大学学报（哲学社会科学版），2000（1）.

［5］邓伟志．马克思主义哲学方法论的相对独立性［J］.湖南社会科学，2003（1）.

［6］邓周平．系统论的哲学分析［J］.系统辩证学学报，

1995（4）.

　　［7］丁芳. 论原子方法论与系统方法论的相互关系［J］. 科学技术与辩证法，1996（10）.

　　［8］范冬萍. 系统哲学的新探索："控制论原理研究计划"［J］. 自然辩证法研究，2003（9）.

　　［9］范荣，钟阳胜. 试论中间矛盾［J］. 学术研究（内部文稿），1984（2）.

　　［10］符坚. 系统论和矛盾论的统一关系［J］. 哲学研究，1996（3）.

　　［11］桂起权. 目的论自然哲学之复活［J］. 自然辩证法研究，1995（7）.

　　［12］桂起权. 析量子力学中的辩证法思想——玻尔互补性构架之真谛［J］. 哲学研究，1994（10）.

　　［13］郭璋，阁长安. 小议"三分法"［J］. 北京教育，1984（6）.

　　［14］郭哲夫. "两点论"与"三点论"之比较论要［J］. 南京社会科学，1996（4）.

　　［15］韩庆祥，梁敏. 一主二基：谐和共生思维范式的确立［J］. 江海学刊，2003（5）.

　　［16］黄楠森. 论辩证唯物主义体系的不变性与可变性［J］. 学术研究，2001（9）.

　　［17］霍明远，汪培庄，吴廷芳. 事物对立统一的中介状态规律［J］. 求是学刊，1987（4）.

　　［18］坚毅. "一分为二"需要"一分为三"补充［J］. 重

庆社会科学，1986（3）.

［19］坚毅 . "一分为三"应是"唯物辩证法的实质和核心"——与肖太陶同志商榷［J］. 东南大学学报，2001（4）.

［20］坚毅 . "一分为三"与"三位一体"的统一［J］. 青岛研究，1986（2）.

［21］坚毅 . 对"矛盾""对立"范畴的再认识［J］. 上饶师院学报，2002（1）.

［22］坚毅 . 对"中介论"与"一分为三之关系的评述"［J］. 上饶师范学院学报，2003（4）.

［23］坚毅 . 对矛盾的理解应该拓展开来——兼答对"一分为三的矛盾"的观点的批评［J］. 长沙水电师院学报，1994（2）.

［24］坚毅 . 矛盾"一分为三"可以成立——对曾昭贤同志批评的答辩［J］. 韩山师专学报，1988（2）.

［25］坚毅 . 矛盾"一分为三"争论述评［J］. 湖南师大学报，1988（1）.

［26］坚毅 . 矛盾是可以"一分为三"的——对陈祖豪同志的答辩［J］. 齐鲁学刊，1990（5）.

［27］坚毅 . 唯物辩证法的核心应是"一分为三"［J］. 江西师大学报，1989（1）.

［28］坚毅 . 一分为二、一分为三、一分为多同属于唯物辩证法［J］. 江西社会科学，2004（3）.

［29］坚毅 . 再论矛盾"一分为三"　［J］. 齐鲁学刊，1986（2）.

［30］江怡，牟博，韩林合 . 西方哲学在中国：过去、现在

与未来［J］.哲学动态，2002（1）.

［31］孔健.创新研究之信息论［J］.情报科学，2003（2）.

［32］匡亚明.对待孔子的思想要用"三分法"［J］.文汇报，1985（1）.

［33］雷正良."一分为三"学术争鸣二十年回顾［J］.上饶师专学报，2000（1）.

［34］黎鸣.信息与辩证法［J］.马克思主义研究，1988（2）.

［35］李发美.论矛盾构成的"中间环节"［J］.湖南师大学报，1987（3）.

［36］李光炎.关于竞争、协调、中庸、矛盾的再认识［J］.理论探讨，2004（3）.

［37］李坚贞.社会合力："主体—主体"活动的协调目标［J］.苏州大学学报，2001（1）.

［38］李琳芬.信息论的科学贡献及其方法论意义［J］.济宁师专学报，1999（3）.

［39］李文清.协同学中的相似思想［J］.华北工学院学报（社科版），2002（4）.

［40］李绪林.初探"中间环节"　［J］.黄石师院学报，1983（1）.

［41］李艳辉.从系统论观点看钱学森的"思维科学观"［J］.湘潭师范学院学报，2002（5）.

［42］李愿.试论现代系统论对整体与部分范畴的丰富和发

展[J].陕西师范大学学报, 1998 (3).

[43] 李忠杰. 一个全新的重要概念——和谐社会 [J]. 党建, 2004 (3).

[44] 林祖华. 关于我国经济社会协调发展的实现条件分析 [J]. 江苏社会科学, 2004 (3).

[45] 刘积余. 协调与世界经济的可持续发展 [J]. 国际金融研究, 2000 (4).

[46] 刘建华. 马克思主义哲学方法论的内容探讨 [J]. 齐齐哈尔社会科学, 1999 (2).

[47] 刘蔚华. 矛盾结构的多样性 [J]. 社会科学战线, 1979 (2).

[48] 鲁品越. 实践概念与马克思主义哲学的"三位一体"体系 [J]. 中国社会科学, 1995 (4).

[49] 苗东升. 控制论的辩证思想 [J]. 教学与研究, 1994 (4).

[50] 苗启明. 论社会主义文明的三维结构 [J]. 河北学刊, 1985 (6).

[51] 聂暾. 正中反论——"矛盾"范畴的重新认识 [J]. 江西社会科学, 1999 (4).

[52] 聂中申. 关于立体矛盾观的若干范畴 [J]. 九江师专学报, 1991 (2).

[53] 聂中申. 再谈立体矛盾观的若干范畴 [J]. 九江师专学报, 1992 (2/3).

[54] 欧阳天然. 事物内部结构初探 [J]. 求索, 1982 (3).

[55] 庞朴. 对立与三分 [J]. 中国社会科学, 1993 (2).

[56] 庞朴. 中庸与三分 [J]. 文史哲, 2000 (4).

[57] 钱兆华. 论系统的协调 [J]. 系统辩证学学报, 2000 (1).

[58] 钱兆华. 社会系统的协调与社会主义市场经济 [J]. 广西大学学报, 2000 (3).

[59] 钱志新, 丁荣余. 三元结构探原 [J]. 文史哲, 2000 (3).

[60] 曲世卓. 从系统论看历史唯物主义观点 [J]. 齐齐哈尔大学学报, 1998 (6).

[61] 饶欣. 系统论与唯物辩证法发展观的比较研究 [J]. 系统辩证学学报, 2004 (10).

[62] 任松柏, 王守印. 试论中间因素 [J]. 理论探讨, 1987 (1).

[63] 任维桢. 论唯物辩证法与系统论之异同 [J]. 西北第二民族学院学报, 1995 (2).

[64] 苏玉娟. 从系统论看科技成果转化 [J]. 系统辩证学学报, 2002 (7).

[65] 苏越. 论立体思维 [J]. 人才, 1982 (4).

[66] 孙伯鍨. 马克思主义哲学的方法论特征与历史命运笔谈[J].河南大学学报（社会科学版）, 2001 (3).

[67] 孙正聿. 从两极到中介——现代哲学的革命 [J]. 哲学研究, 1988 (8).

[68] 唐审非. 事物的中间状态刍议 [J]. 社会科学动态,

1984（5）.

　　［69］田兴秀．三本论［J］．云南学术探索，1998（5）.

　　［70］汪汉昌．自组织理论与唯物辩证法［J］．江汉论坛，2000（3）.

　　［71］魏宏森．系统论的基本规律［J］．自然辩证法研究，1995（4）.

　　［72］吴彤．耗散结构理论的自组织方法论研究［J］．科学、技术与辩证法，1998（6）.

　　［73］吴彤．论协同学理论方法——自组织动力学方法及其应用［J］．内蒙古社会科学，2000（6）.

　　［74］习近平．坚定不移创新创新再创新　加快创新型国家建设步伐［N］．人民日报，2014-06-10.

　　［75］习近平．增强改革的系统性整体性协同性　做到改革不停顿开放不止步［N］．人民日报，2012-12-12.

　　［76］夏建华，许征．整体性观念的系统论阐释［J］．系统辩证学学报，2004（4）.

　　［77］阎海玉．系统论不能取代矛盾论［J］．理论探索，1995（5）.

　　［78］袁聪．信息论及其新发展［J］．通信技术，2002（5）.

　　［79］詹华庆，沈西林．系统论与马克思主义哲学［J］．攀枝花大学学报，2000（4）.

　　［80］张宏．哲学层面上的社会协调观［J］．烟台大学学报，1994（3）.

　　［81］张联祝．系统论与唯物辩证法关系的新反思［J］．河北

青年管理干部学院学报，2001（4）．

[82] 赵国杰，刘宏业．系统论的科学观 [J]．天津大学学报，2002（2）．

[83] 周宝玺．矛盾可以"一分为三"吗？[J]．齐鲁学刊，2001（5）．

[84] 周德义．论"一分为三" [J]．湖南教育学院学报，2001（3）．

[85] 周德义．论"一分为三"相关联的辩证范畴 [J]．常德师范学院学报，2002（5）．

[86] 周德义．论"一分为三"与思维规律的辩证关系 [J]．长沙电力学院学报，2002（1）．

[87] 周德义．论"一分为三"之中庸学说 [J]．湖南第一师范学报，2002（4）．

[88] 周鼎弟．试论"一分为二"和"一分为三"的关系 [J]．江西行政管理干部学院学报，1987（2）．

[89] 周玉萍，武杰，李润珍．从协同学看中国近代社会系统的演化[J]．系统辩证学学报，2002（4）．

[90] 朱宝信．协同与否定：系统论与矛盾论的根本区别及其联系 [J]．广东社会科学，1996（6）．

[91] 朱宝信．中介的"第三者"角色并不表示事物的"一分为三"[J]．河北师范大学学报，2002（6）．

[92] 朱秉信．论一分为三 [J]．天府新论，1992（3）．

[93] 朱克江．论对事物中间状态研究的重要意义 [J]．青海社会科学，1984（3）．

［94］朱奎保．论对立面的中介［J］.苏州大学学报，1987（1）.

［95］朱万祥．"对立统一"与"中介"［J］.学术论坛，1986（5）.

跋

中国特色社会主义理论在于实现了马克思主义理论与中国具体实际的结合，理论的根本生命在于根据实际不断地更新纳异、拓展、完善。

纵观古今中外唯物主义哲学家理想状态下的终极追求，无外乎一句话：对立经纳异而统一，简称协举。

排异固守对立，纳异吸纳差异；

排异导致意识封闭，纳异带来意识更替；

排异排斥了走向完整的机遇，纳异营造了和而不同的格局；

排异者走向自我僵毙，纳异者走向天下无敌。

愿这一理论创新的尝试，对国家和社会有所贡献，使读者有所启迪。

梁映敏

2020 年 7 月